適性探索

啟發孩子的潛能

教育專家讓孩子熱情學習的方法

中華適性教育發展協會◆編著　王立昇◆主筆

四、適性學習

五、適性分流

六、適性生涯

第三部：成就每個孩子，提升競爭力 224

在十二年國教如火如荼推動的當下，台灣的教育走到了一個轉捩點，未來是向上提升還是向下沉淪？如果學習環境不能適合學生的性向、興趣與能力，怎能讓孩子在其中優游自在的學習，而做到成就每一個孩子呢？

【作者序】

啟發潛能，熱情學習

王立昇／中華適性教育發展協會理事長

春去秋來，時間的洪流催促著我們向前行；花開花落，環境的變化提醒著我們迎接挑戰。人類一代接著一代面對這個浩瀚的宇宙，如何才能讓生命更有意義、生活更為美好呢？

人在宇宙中如滄海之一粟。生命是短暫的，環境是有界的，資源是有限的，如果沒有熱情，如何能在那麼多的約束與限制中立命呢？如果潛能沒有發揮，如何能在那麼激烈的競爭中安身呢？人生的第一門課，就是要探索自己的潛能，找到自己的強項與熱情之所在，然後可以熱情學習，在潛能充分啟發後，自然可以迎向幸福美滿的人生，享受生命的喜悅。但要如何做到呢？

嬰兒在出生時來到這個陌生的世界，到長大成人後面對複雜多樣的社會，在這個成長的過程中，教育扮演了非常重要的角色，提供了嬰兒與成人的銜接，以及個人與社會的聯結。家庭教育、學校教育、社會教育的功能，就是要引領在襁褓中嗷嗷待哺的嬰兒，到成為在社會上安身立命的大人，那父母、老師乃至於社會國家要如何做好「引導人」呢？

一九八七年台灣結束了長達近四十年的戒嚴時期，黨禁、報禁紛紛解除，教育改革的思潮也風起雲湧地衝擊著台灣教育體制。一九九四年410教改遊行後，台灣推動了一系列的教育改革措施，包括多元入學方案、建構式數學、九年一貫課程、廣設高中大學等，希望能減輕學子升學壓力、帶好每位學生、提升教育品質。這些改革雖然立意良善，但實施至今，目標顯未達成。據〈親子天下〉的調查，至少有三成的國中生上課時不知道老師在說什麼，部分學生學習怠惰的狀況，令人憂心。

過去教改問題尚未完全解決，十二年國教又即將於今年上路，冀望能成就每一個孩子、提升教育品質及國家競爭力。目標雖然美好，但依現在的規劃方案，未來多數高中職將招收到不同性向、興趣、能力的學生，如何針對差異性較大的學生群體，做到因材施教，確保教育品質，是一個刻不容緩要面對並解決的課題。

台北市高中學生家長會聯合會於二〇一一年四月所作的一項高中家長民意調查結果顯示，有73%的家長認為「找到個人興趣與志向」，是高中學生最重要的學習目標，遠高於「進入理想大學」的50%。如果能讓孩子及早找到自己的方向，在提供適性教學的學校，得到適合的學習環境與機會，繼而能適其性或潛能發展，也就是要落實「適性教育」，就能真正做到「成就每一個孩子」。

有感於適性教育推動的重要性，一群關心教育的家長、老師、學者、專家於二〇一二年八月十八日成立了「中華適性教育發展協會」，希望能結合全國關心適性教育的人士，共同推動適性教育永續發展、培育人才、服務人群、關懷社會。

本會成立後，在全體會員的努力下，致力於適性教育的研究與推廣，並與有共同理念的教育團體合辦教育活動，其中包括與國教行動聯盟合辦的「410教改二十年回顧與檢討座談會」。本會亦有多位成員積極參與臺灣大學公共政策與法律研究中心的「適性分流學制」研究計畫，探討如何規劃適合台灣本土的適性分流體制。

為了讓更多的家長及教育工作者分享我們的心得，並提供前述教育「引導人」正確且具體的方法與策略，以協助孩子適性探索其潛能，並在潛能啟發後得以熱情學習，開展適性美麗人生，我們於去年十月開始進行本書的撰稿、邀稿與彙整工作，將過去推動適性教育的心得、教育學者專家的建議、以及家長的經驗分享彙集成冊，希望能對孩子的成長及社會的發展有所助益。

我們認為，孩子的發展歷程是動態的，引導人要能依孩子的特質與學習狀況調整教育方式，因此，適性教育是一個閉迴路、具回饋機制的動態系統，必須要從六大面向同步推動，分別是適性探索、適性課程、適性教學、適性學習、適性分流與適性生涯等，需要家長、學校、政府的通力合作，方能見其功效。適性教育要如何進行呢？我們在本書中深入淺出的介紹了各面向的具體操作策略。

除了基本理念與作法的介紹外，我們很榮幸地邀請到三十位台灣及香港兩地的學者、專家、企業家、校長、老師及家長分享寶貴的建議及經驗。在讀完這些論述後，讀者當可對適性教育的各面向、教育現況及產業發展狀況有更深一層的認識，並可進一步規劃如何協助孩子適性探索潛能及提高孩子的競爭力。

我們由衷感謝願意分享理念與個人經驗的作者群，使得本書的完整性及參考價值大為提高。感謝中華適性教育發展協會顧問及全體會員的支持，使得會務得以順利推動。感謝參加本會各項活動的講員、學員及與會者，使我們得以在活動的辦理中茁壯成長。感謝與我們有互動的教育團體，使我們的理念更為具體扎實，並更具前瞻性。感謝商周出版的協助，使本書的編輯工作得以順利完成。

適性教育的落實不是一蹴可幾。不知在您的期待中，十年後的台灣會有一個什麼樣的教育環境？如果每一個孩子都能找到自己的方向，充滿熱情的學習，畢業後也可找到適性揚才的機會，得以安身立命並實現夢想，那我們所熱愛的台灣必是充滿朝氣與希望的家園，社會安定，人民幸福。

推動適性教育的路仍很漫長，期待與大家一起發願，並持續關心與投入，共同營造一個優質適性的學習環境。

第一部

減輕壓力 vs. 快樂學習

我們都希望孩子能快樂學習，但是，快樂學習一定會有成功的學習經驗嗎？
不背九九乘法表是比較輕鬆，但建構式數學卻無法讓思考更為順暢；
廣設大學之後，大學生錄取率幾乎100%，但畢業之後卻茫茫然；
教育是為了過好日子，現在有那麼多的年輕人擔心未來的生活，
顯見這一波二十年的教改並沒有成功，問題出在哪裡？
我們要如何調整學校教育的方式呢？

十二年國民基本教育（以下簡稱十二年國教）在紛擾中上路，第一屆在新制度下升學的國中生即將於今年九月進入高中、高職或五專，而等待這些莘莘學子的學習環境是怎樣的呢？「提升中小學教育品質、成就每一個孩子、厚植國家競爭力」是十二年國教的三大願景，理想很高，但要如何實現呢？如果學習環境不能適合學生的性向、興趣與能力，怎能讓孩子在其中優游自在的學習而做到「成就每一個孩子」呢？

適性教育的落實是十二年國教成功與否的關鍵，適性教育又是什麼呢？

在談適性教育之前，先談談教育是什麼？依照《說文解字》的解釋：「教，上所施，下所效也。育，養子使作善也。」所以教育就是「上施下效使作善」，上位者可以是父母、長輩、老師、甚至是同儕，而「善」可以泛指美好或擅長的事。西方的對應詞Education則是從拉丁字Educere演變而來，含有「引出」的意思，可以說「教育就是引導發展」。華人的「上施下效」也就是引導，而「作善」就是發展，因此東西方對教育的意涵是相通的。

人從呱呱墜地開始，進入一個未知且複雜的環境。人類不同於其他動物，在嬰兒時期是完全沒有自己生活能力的，而其他的動物在生下來之後，都比人類的嬰兒更能適應外在的環境，比如小狗生下來沒多久就會爬了，嬰兒則要到八個月才會爬。如果沒有教育，人類就不能成為善人，因此，美國著名的教育家杜威（John Dewey）說：「教育就是將人從嬰兒時期過渡到成人時期的擺渡船。」

活到成人就要自己有能力過日子，所以，英國教育學者斯賓賽（H. Spencer）說：「教育為未來生活之準備。」而有生就有死，生時的經驗及知識要靠教育傳於子孫，人類的文明或文化才能累積發揚。因此，教育還有經驗傳承的意義。

知道了教育的重要意義，要如何操作這艘「擺渡船」呢？每一條船都是一樣的嗎？誰來駕駛？誰可以上船？船要往哪裡走？船要走得快還是慢？船遇到暴風雨時該怎麼辦？外在的環境複雜，而「一粒米養百樣人」，人的特質更是多樣，要如何適應每一個人的不同需求，而順利地將嬰兒過渡到成人呢？教育的場域可以在家庭、學校或社會，而施教者就是搖櫓的人，要如何調整教育的方向、內容、教法、速度而「使作善」呢？

東西方各有各的教育哲學。華人教育在兩千多年前孔老夫子開班授徒以來，儒家有教無類、因材施教的理念始終是教育界所遵循的圭臬，歷久彌貴。在這樣的思維下，各種教育方式如家族式、私塾式、官學（太學、州學、縣學）、私學（書院）等，都是由老師積極地因應學生的材而施以適當的教育方式，讓學生習得做人做事的道理與生活的能力。

學習生活的能力而作善是好的，但到了隋朝，為了選拔官吏並打破階級界線，訂定了可以經由參加考試而進入統治階級的科舉制度，使得讀書成了教育的目的，因為學而優則仕，不但可求得富貴，更可光宗耀祖，於是華人社會常聽到「萬般皆下品、惟有讀書高」的說法。宋真宗的勸學詩中有「書中自有千鍾粟、黃金屋、顏如玉」的比喻，可謂深刻描繪了當時讀書的時代意義，教育也因而成為窮人翻身的重要途徑。

科舉制度有其時代意義，倡導讀書後，人民的知識水準提高了，階級可以流動了，不再是上品無寒門，下品無世族；社會得以安定發展。據報導，現在法國高等學院仍延用在二百多年前參考唐朝科舉制度所訂定的選才方式。法國在一七八九年大革命後，為了打倒封建體制及貴族學校，仿照唐朝的考試、公薦（推甄）及投卷（申請）方式建立了菁英教育制度，進行學生的篩選。法國到現在仍很推崇唐朝的科舉制度，為何中國在清朝廢止了科舉制度呢？

制度的本身沒有好壞的問題，重點是能否適用。宋朝為了求公平及防弊而取消了唐朝的公薦及投卷的方式，科舉制度僅留下考試取才的管道。於是，讀書是為了考試，為了求功名，而不是為了生活，不是為了作善；教育的目標因此模糊，擺渡船的方向就偏差了。更有甚者，在形式公平的八股文取士影響下，人民想的是如何寫好文章，而不是追求科技或生活的進步。這樣的觀念在過去以農業為主的封閉社會，或許尚可維繫社會的穩定，但到了工業時代，乃至於知識經濟強調創意的現代，科技的發展是社會進步的動力。僵化的科舉制度因此間接造成了中國長期的積弱不振，於是在清朝面臨了被廢止的命運。

教育乃國之大事，社會興衰之所繫。科舉制度之所以會出問題，主要的原因是，考試的方式使得教育的方向偏離了為生活準備的主軸。現在的教育制度或選才方式有沒有類似的問題呢？究竟何謂「為生活準備」的教育方式呢？

在儒家的教育體制下，「子以四教：文、行、忠、信」，敏而好學、行篤敬、忠誠、信義為主要的教學目標，禮、樂、射、御、書、數等六藝為主要學科，而採用的教科書為《詩》、《書》、《易》、《禮》、《樂》、《春秋》等六經，老師依上施下效的方式主導教育的進行，希望學生能學到做人做事的方法，成為有禮的君子，甚而鼓勵人皆可以成為堯舜。

在另一方面，相對於儒家的積極教導，春秋時代老、莊、道家思想的清淨無為也影響了華人教育的方式。魏晉時期嵇康提出了「越名教而任自然」的觀點，也就是要超越名教（三綱五常）的束縛而任自然本性的發展，認為生命都會自己找到出路。這樣的觀念用在教育上，是較隨性的態度，採取較消極的做法，如果孩子不想學，就不強迫孩子學習，早學晚學都好，不要給孩子壓力，讓其自然探索與發展，因為天才不會被埋沒。

究竟儒家和道家的教育方式哪一種比較好呢？東方的教育方式比較偏儒家，受教者依循施教者所安排的內容與進度學習。西方的教育方式則比較偏道家，施教者尊重受教者的自我選擇與發展，不會強迫受教者接受安排。

有一本關於親子教養的書《虎媽的戰歌》在幾年前問世，作者蔡女士因生肖屬虎而自稱虎媽。虎媽雖然在美國長大並接受西方教育，卻決定採取中國式的教育方式：父母主導教育，父母所制定的規範與安排的出路，子女沒有討價還價的餘地，只有順從。虎媽對兩個女兒採取同一種教育方式，但結果卻大不相同，一個順從接受，另一個則挑戰權威，使得母女關係緊張。所以，對於不同特質的孩子用同樣方式來教未必適合。

儒家與道家的理念各有擅長，但亦各有盲點。面對一個自我意識很強的孩子，如果採儒家的方式，孩子可能因不能接受而學習怠惰；但如果採道家的方式，則孩子可能如魚得水，積極學習。與其問哪一種方式比較好，不如問：哪一個方式比較適合孩子？

德國是一個基礎工業發達的國家，在二〇〇九年歐債風暴爆發以後，德國不但屹立不搖，甚至經濟表現更為亮眼，成為解決歐債問題的推手。德國總理梅克爾認為德國的傑出表現可歸功於教育的二元分流制，並將其列入解決歐債問題的六點計畫之一。其他的計畫為：成立經濟特區、國營企業信託代管、鬆綁勞動法、降低薪資成本、降低稅率及社會安全提撥等。

德國教育的二元分流制

德國的二元分流制如何運作呢？德國的孩子從小即持續探索自我，如果性向明確，在小學四年級（十歲）的時候就開始分流；適合走學術路線的繼續接受學科教育，適合走技藝路線的則開始接受分科教育，學習工藝技術。德國嚴謹的師徒制，維繫了其堅強的工業實力；也是因為這樣的關係，德國在各種教育評比的表現並不是很好，但德國也不以為忤，仍堅持他們認為適合的教育制度，因為「教育不是為了評比」。

嚴格的師徒制對於維持德國的工業技術貢獻良多，但適用於各行各業嗎？在知識經濟追求創意的時代，如果採行過於僵化的教育體制，能刺激創意的發想嗎？蘋果電腦創辦人賈伯斯（Steven Paul Jobs）在大學期間研究佛教禪宗及書法、美術，並做了很多荒唐事，最後決定退學。如果在華人社會，賈伯斯的學習歷程是很另類的。但，創意就是要與眾不同，賈伯斯對於他熱愛事物的追求激發了他的創意，所發明的iPod、iPhone、iPad等產品大幅增進了人類生活的便利性，並提供了數百萬人的工作機會。賈伯斯的故事值得參考，我們可以思考一個問題：「離經叛道」的學習一定是不好的嗎？

當然，不是每一個人都能成為賈伯斯。我們所處環境的資源有限，孩子成人之後必然要面臨競爭。而人的一生短暫，學習有時間壓力。為善或為惡都是人性的一部分，好逸惡勞也是人的本性。現在有很多家長因為孩子長時間打電動玩具而困擾，擔心孩子浪費了生命。如果放任孩子自主學習，孩子的美好未來是否會像斷了線的風箏一樣不見了呢？孩子在成人之後要如何安身立命呢？這樣的憂慮存在許多家長、老師、甚至學生自己的心中。

個人、社會、國家、環境構成了極為複雜的系統，再加上時間的約束，要能駛好這條教育的擺渡船很不容易。在考慮當下客觀環境的有利或限制條件，以及人性的需求與約束後，也許我們可以找一個儒家與道家教育方式的中間點，設計一套得以因應世界潮流，不但因材施教，而且能讓孩子適性發展、熱情學習、發揮創意的華人教育制度。適性教育（adaptive education）或可提供這樣的一個解決方案。

適性教育是什麼？

如前所述，教育要讓一個人從嬰兒時期順利過渡到成人時期，但要完成這個任務，使得人在成長之後可以做好的事或自己擅長的事，有很多的方法與途徑，這些方法有什麼不同？要如何選擇呢？我們可以先想想以下的問題：

問題一：假想您是一位國中生的家長，您的孩子還有半年就要參加國中會考，而在模擬考時，英文得了B^{++}（約過去的八十分），數學得了C（約過去的三十分），請問您會讓孩子加強（如補習）英文還是數學？

討論：這個問題就像很多人生的問題一樣沒有標準答案。回答數學的家長可能是認為再加強英文，其進步的分數有限，而加強數學的進步空間很大，所以為了讓孩子能進入心目中較理想的學校，應該要補救數學。期待孩子能均衡發展的家長也會選擇數學。但如果是較傾向道家「任自然」理念的家長，可能會容許孩子讀英文，因為孩子可能不喜歡數學。

問題二：如果您的孩子在參加國中會考時，英文得了B^{++}，數學得了C，請問您會建議孩子接下來要加強英文還是數學？

討論：這個問題也沒有標準答案，在沒有會考的壓力後，會選擇英文的家長可能認為英文成績好，代表孩子有這方面的性向或能力，要多多培養。但對於較傾向儒家理念的家長，則認為六藝「禮樂射御書數」要均衡發展，而其中的數學很重要，於是就會建議孩子好好加強數學。

從適性教育的角度，這兩個問題要如何回答呢？在回答之前，我們要先談適性教育的是什麼？適性教育就是，尊重學習者的需求與期許，提供適合其性向、興趣、能力、個性、文化背景等不同特質的學習環境與機會，設計適性課程與適性教學方法，使學習者得以在適性探索其各類智能後，依其選擇進行適性學習，並在適性分流的學制中，獲得成功的學習經驗，邁向適性生涯之路。

適性教育的核心價值就是要建立以孩子為主體的學習環境，使得具有不同智能和需求的孩子，都有機會獲得成功的學習經驗。要能落實這個價值，首先要建立「尊重孩子的需求與期許」的觀念。

杜威先生曾於一九一九年在北京談教育哲學，他說：「教育的最大毛病，是把學科看做教育的中心。不管兒童的本能、經驗如何，社會的需要如何，只要成人認為一種好的知識經驗，便練成一塊，硬把他裝入兒童心裡面去。現在曉得這種辦法是不對了。其改革的方法，只是把教育的中心搬一個家：從學科上面搬到兒童上面。依照兒童長進的程序，使他能逐漸發展他的本能，直到他能自己教育自己為止。」這裡提到的「將教育中心從學科上面搬到兒童上面」與適性教育的理念是相契合的；而「硬把知識經驗裝到孩子的心裡面去」，就是一種「填鴨式教育」，不符合適性原則，因為孩子的需求沒有得到尊重。

需求有哪些呢？依照心理學家馬斯洛（Abraham Maslow）的需求論，人類的需求可以概分為五個層級：生存、安全、人際、尊重、自我實現。許多家長最憂心的是孩子未來是否能找到一個好工作？衣食及安全是否無虞？也就是前兩個層級。而孩子最關心的則是如何交到知心的朋友、是否受到尊重、以及能否做自己想做的事，也就是後三個層級。家長與孩子的需求如果有交集最好，但如果交集不大，該如何取捨呢？

在馬斯洛的理論中，需求的五個層級是有層次的，要逐級滿足。也就是說，第一級的生存需求滿足了，才能談第二級的安全需求，再依序獲得滿足。但有人認為「不自由毋寧死」，換言之，如果自我實現的需求不能滿足，生存也是無意義的。社會上偶而會聽到輕生的例子，多半是因為上層的需求不能滿足，而威脅到下層的需求。因此，這五個需求層級是互動的，構成了一個動態的需求系統。

這幾個層級孰輕孰重呢？很多父母都有一個經驗，當父母說「我這是為你好」，但孩子卻常常不領情，因為父母和孩子需要的不一樣。孩子有時寧可聽學長或同學的話也不願意聽父母的話，因為他們有人際的需求。要成就孩子，就要能滿足孩子自己的需求，不論是哪一個層級。所以，各需求層級沒有孰輕孰重的問題，只有是否為孩子所需要的問題。也許父母對於事情的看法較為成熟，較為全面，但如果不能得到孩子的認同，因而怠惰學習，效果可能適得其反。

填鴨式教育就是一個例子，老師不管學生想學什麼，就將一套自己認為好的東西灌輸給學生。結果學生可能接受了一堆沒有辦法消化吸收的知識，即使一時可以應付考試，但考完就還給老師了，讀過的東西沒有多久就忘，而獨立思考的能力或創造力卻還沒學起來，使得學生未來的發展因而受限。這樣沒有依照學生的特質與需要而施教的方式，如何能讓孩子適性發展呢？

除了尊重學生的需求外，我們還要尊重孩子的自

馬斯洛理論中，人類的需求概分為五個層級

孩子最關心的是如何交到知心的朋友、是否受到尊重、以及能否做自己想做的事。

家長最憂心的是孩子未來是否能找到一個好工作、衣食及安全是否無虞。

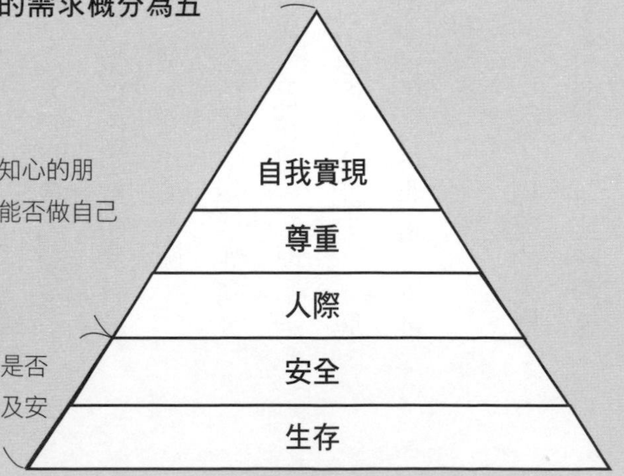

我期許。儒家對人的期望很高，認為人皆可以經過學習而成為像堯舜那樣的聖人。這固然可以讓人人都對自己的未來抱持著遠大的目標而奮發向上，但有多少人能做得到聖人呢？而那真的是孩子對自己的期許嗎？人不是只因夢想而偉大，人要能築夢踏實，才會有成就感。如果訂一個太高的目標，可能會因達不到而氣餒消沉。對孩子來說，如果追求的是父母的期待，而不是自己的期許，學習怎麼可能有熱情呢？

賈伯斯曾說過：「成就一番偉業的唯一途徑就是熱愛自己的事業。」在教育上，真正成就孩子的唯一途徑就是讓孩子能熱情學習。如何會有熱情呢？大人們要多鼓勵孩子築夢，協助孩子找到自我的期許，再引導孩子走上落實夢想的路。做自己想做而又有意義的事，就一定會有熱情了。

適性教育的第二項關鍵元素，就是要引導與協助孩子找到自己的特質，包括性向、興趣、能力、個性、文化背景等。性向屬於先天的特質，根據張氏（張春興）心理學辭典的定義，「性向指個體在學習某種事物之前，對學習該事物所具有的潛在能力。」興趣指的是個人想要從事某一事件的心理狀態，表現出來的是對該事件的喜好程度。而能力則是個人在從事某一事件的勝任程度，包括先天的性向及後天的培養。

適性教育的操作還必須考慮孩子的個性及文化背景。個性指的是一個人內在的人格特質，如內向或外向，屬於天生的。對於比較內向的孩子，教法上可能要採取比較靜態的方式。而對於較外向的孩子，採用動態的教法可以達到更好的效果。文化背景則是指個人成長的環境，包括家庭與社會。對於弱勢家庭的孩子，老師要投入更多的關注，對於新住民的孩子，老師則要考量其文化傳承，避免不同文化背景的教育方式可能造成的困擾。

孩子的特質是多面向，甚至有些特質並不能互相搭配。孩子有興趣的事，未必能勝任，而能勝任的事，卻不一定有興趣。例如，有一位高中生很希望能像學長一樣跳街舞的breaking，倒立、打陀螺是很風光的，但他人高馬大，不如學長的靈巧，在先天條件或能力不合的情況下，他應該要繼續跳下去嗎？如果遇到有興趣又能勝任的事，當然就義無反顧地去做。但如果遇到有扞格的情況該怎麼辦呢？要找到學習或發展的方向有時必須要權衡多項因素。適性教育是要找到一個平衡點，兼顧夢想與現實，走一條最適切的路。

在綜合考量後施行了適性教育，怎樣的結果算是有效的呢？當然，能夠讓孩子過渡到成人，學會生活的能力是要緊的，但那屬於教育的總體目標。在適性教育的範疇裡，我們則希望能讓學生有機會獲得成功的學習經驗，而這樣的機會要在學習的過程中常常出現，例如，老師要教學生可以學得會的東西，要依照學生的特質施以適當的教材與教法，並依其學習狀況調整進度，讓學生領略學習的樂趣與解決問題的成就感。所謂「朝聞道，夕死可矣」，有時候想通了一個道理，解出了一道數學題，都會很有成就感。有了成就感之後，就會有動機繼續學習，就能更上層樓。正向鼓勵的力量可以讓學習更有效率，熱情學習才能真正做到快樂學習。因此，適性教育也是一種「正向教育」。

在了解適性教育理念後，我們就可以從適性教育的觀點來回答前述的問題。對於第一個問題，距離正式會考還有半年可以努力的時間，如果孩子的期許是要進入較理想的學校，就讓孩子加強數學，因為有了動機，孩子就會努力，數學分數的提升比較有機會。而在考量第二個問題時，因為會考已考完，考量的重點是未來能否適性發展，如果孩子喜歡英文，就表示孩子的興趣與能力相符，當然就建議孩子加強英文。但如果孩子對英文沒興趣，就得繼續探索，尋找適性的學習方向。這兩個問題的答案可能因不同的理念而有所差異，左頁（P25）下表為從道家、儒家、適性教育等三個角度，看這兩個問題的可能選擇，從其中可粗略窺得三種理念的異同。

為什麼需要真正的適性教育？

適性教育如果操作得宜，可以讓孩子熱情學習，適性發展。是不是其他的教育方式也能達到同樣的效果呢？這裡所說的「熱情學習」與之前教改所強調的「快樂學習」有何異同呢？為什麼我們現在要推動適性教育？

台灣在一九九四年四月十日教改大遊行後，開始推動教育改造運動，當時為了打破升學主義及消滅填鴨式教育，很多人主張要「減輕壓力」，讓學生「快樂學習」。為了減輕學生學數學的壓力，例如背九九乘法表，於是推行建構式數學；因為大學之門太窄了，所以廣設高中大學；因為追求明星高中造成了學生的壓力，所以要淡化明星高中；因為聯考制度使得填鴨式教育繼續存在，所以要取消聯考制度而採多元入學方案。這些措施經過二十年的推動，台灣的大學原本不到五十所，暴增到一百六十多所；聯考制度於二〇〇二年廢除，取而代之的是學科能力測驗與指定科目考試；學生的課本因為不要教太多知識而變薄了，取而代之的是厚厚的參考書。但是，學生的壓力有減輕嗎？學習有比較快樂嗎？

根據教育部委託統計資料，台灣的補習班家數在一九九四年只有一千多家，但到二〇一三年一月創下一萬八千九百五十六家的新高，〈天下雜誌〉因而報導台灣的補習班數量比超商店數還多，並戲

問題	道家「任自然」理念的選擇	儒家六藝均衡發展理念的選擇	適性教育理念的選擇
國中會考前半年： 模擬考時，孩子的英文成績B++，數學成績C，該讓孩子加強英文還是數學？	容許孩子讀英文，因為孩子可能不喜歡數學。	數學	順應孩子的期待，為進入較理想的學校，讓孩子加強數學。
國中會考之後： 英文成績B++，數學成績C，您會讓孩子加強英文還是數學？	順孩子的性，多半是選擇英文的。	考量孩子的均衡發展而鼓勵加強數學	如孩子喜歡英文，興趣與能力相符，讓孩子加強英文。

稱這是台灣的教育奇蹟。學生為什麼要去補習？當然是因為擔心跟不上進度或比不上別人。前述的教改措施顯然沒有達到減輕學生壓力的效果。

在另一方面，依據〈今週刊〉二〇一四年公布的一項調查結果，台灣有高達62.9%的年輕人（二十一至三十五歲）覺得自己會比父母輩過得差，而年輕人心中最深層的憂慮分別是低薪（79.74%）、高房價（69.08%）及高失業率（34.93%）。上一輩的人都希望能做好經驗傳承，讓一代過得比一代好，但現在台灣有接近三分之二的年輕人覺得會比上一代過得差，這是一個令人憂慮的狀況。一九九四年（教改第一年）進入國中的學生，今年是三十二歲，所以〈今週刊〉的調查對象多數受到了教改的影響，而這些教改世代多數人是不快樂的。

教育是為了過好日子，現在有那麼多的年輕人擔心未來的生活，顯見這一波二十年的教改並沒有成功。問題出在哪裡？我們要如何調整學校教育的方式呢？

我們都希望孩子能快樂學習，但是，減輕壓力一定會有成功的學習經驗嗎？不背九九乘法表是比較輕鬆，但在解題時發現，慢慢建構答案的方式無法讓思考更為順暢。現在大學錄取率幾乎100%，有人戲稱「猴子都能上大學」，「上大學」這件事成功了，但上大學以後呢？如果不適合走學術路線，卻在大學晃蕩了四年，畢業之後茫茫然，會快樂嗎？我們要追求的是長遠的、歡樂收割的快樂，而不是減壓的快樂，因為這個環境的資源有限，所以壓力是無所不在的。

日本的減壓學習

「減壓學習」也曾在日本推行；為了提供學生寬鬆氛圍以培養學生生存、創新能力，日本在一九九二年實施寬鬆教育（A Margin for Education），減少學生上課時數，解構公立菁英高中，甚至為減輕學習壓力，圓周率改為3（而非3.14）。但結果日本青少年研究所二〇一〇年的調查顯示，日本高中生的學習情況不及美、中、韓三國的高中生；而東京大學錄取生也多為私立高中畢業生，經濟弱勢的孩子更難出頭天。據報導，二〇〇八年在三千名東京大學錄取生當中，兩成以上來自十所明星中學，其中只有第十名是公立高中（愛知縣立岡崎中學）。長期觀察日本社會狀況的黎建南先生在二〇一二年的一篇評論中提到，日本多數青年是「四不一沒有」——工作不穩定、買房不敢想、結婚不容易、生子不可能；當然，沒有希望。顯然，日本也面臨到與我們類似的問題。

有日本學者將青年的失落現象，歸因於寬鬆教育的實施。注意到這個教育問題後，日本教育改革委員會在當時首相安倍晉三的主導下，以「教育再生」之名，於二〇〇七年開始著手改革寬鬆教育政策，並於二〇〇九年公布新國中小「學習指導要領」，全面增加上課時數，逐步脫離寬鬆教育路線。此外，在體認到「能實現來自貧困家庭也能讀取最高學府的願望，是公家機關的責任」，日本於二〇〇九年耗資一億美金在橫濱設立科學尖端高中，重啟公立菁英學校培育人才的機制。

他山之石，可以攻錯。日前發生在台灣的「太陽花學運」已顯示出青年人的焦慮與不安，如果我們再不調整教育政策的方向，失落的一代將會經常出現在台灣街頭。然而，教改執行了那麼多年，台灣官方並沒有深刻檢討教改所造成的問題。教改的問題尚未解決，高級中等教育法卻已於二〇一三年六月二十七日在立法院通過，提供了十二年國教實施的法源基礎。雖然適性教育已列入十二年國教的基本架構中，但只有表面的形式與口號而無實質內涵。在二十九個配套方案，以及後來追加的人才培育白皮書中，減壓快樂學習、淡化明星高中的影子仍在，「平均主義（平均享有資源）」亦為其中重要的哲學思維，各項超額比序的條件更是將升學主義發揮到極致，令人擔心這樣的教育政策是否將帶來更多的問題。我們希望適性教育或適性揚才不只是教改的口號，而能真正的被落實。

真正的適性是什麼呢？在教育資源充裕的台灣，九年國民義務教育實施之後，每一個人都有受教的機會，有教無類已不是問題，也就是說，每一個人已能獲得基本的教育資源，接下來要思考的是如何落實因材施教。但是，在平均主義的氛圍中，這樣的方向卻面臨了挑戰。所謂「因材施教」指的是老師依學生的「材」提供適合的教學方法，因此，對不同的材所採用的教法也會有所不同，使用的資源可能也就不同，如何能平均呢？

資源分配的公平正義是維持社會安定的重要因素。也許有人會說：人人生而平等，不同的材給不同的資源是不公平的。但是，平均就是公平嗎？古希臘哲學家亞里斯多德說：「給不同條件的人相同之待遇，就像給相同條件的人不同之待遇一樣的不公平。」孫中山先生則說：「人盡其才，地盡其利，物盡其用，貨暢其流。」資源要分配給最能使用那個資源的人，才能發揮最大的效益。哈佛大學教授桑德爾（Michael Sandel）在他的書《正義：一場思辨之旅》中提到了一個問題：如何將一支長笛分配給一群孩子呢？

一支長笛是不能切割的，所以不可能平均分配，如果要做到平均，一般多會用輪流的方式，但誰先輪到呢？於是引發了新的問題。如果要做到公平，有人會想到抽籤。但如果抽到的孩子並不喜歡音樂，如何能物盡其用呢？不喜歡音樂的人有長笛玩，喜歡音樂的人卻沒有長笛吹，這是真公平嗎？將長笛分配給喜歡音樂的孩子才符合適性的原則。

依循平均主義或適性主義的思考模式來解決長笛的分配問題，答案是明顯不同的，請參考下表。

依照國民教育法第十二條的規定，國民小學及國民中學各年級應實施常態編班。現在大多數學校推行常態編班的做法為：當學生在進入國中時，學校依照學生智力測驗的成績來做S型編班，使得每班的學生程度分布較為均衡。這樣的做法可以說是平均主義的體現，要如何在這個架構下

主義	理念	笛子分配問題的解決方法
平均主義	資源平均分享	輪流或抽籤
適性主義	資源依個人的特質分配，要分給最需要、最能善用資源的人	將笛子配給喜歡音樂的孩子

落實因材施教並不容易。國民教育法注意到常態編班非適性的問題，所以另加一項補救措施：「為兼顧學生適性發展之需要，得實施分組學習。」但能落實的學校並不多，全班採一樣的教材、教法和進度，造成的現象是，程度較好的學生覺得太簡單，需要課後再加強；程度跟不上的學生則覺得太難，也需要課後再補強；程度中等的學生則看到大家都去補習，覺得自己不去補怎麼可以，於是，台灣的補教業創造了另一個奇蹟。

採行常態編班的目的是，為了避免因能力分班而有後段班的出現，加上學校的資源常常多往前段班投入，使得後段班成為「放牛班」，學生不但被貼標籤，而且還學不到東西，於是身心受創。但實施常態編班後，後段班變成了「班後段」，有的班級甚至會依學生的學業表現來排座位，於是又產生了「後段區」或「放牛區」。如果做不到分組學習，適性教育無法落實，學生的學習效果令人憂心。

其實在其他很多國家，中學教育都是採分級分組教學的方式，但為什麼這些國家卻沒有放牛班的出現呢？可能的原因是，國外不會有意將好老師安排給程度好的學生，以及國外的選課方式是由學生主動選擇適合其能力的課修習。前者是關於資源分配的問題；事實上，依照適性原則，教育資源是要分配給最需要的學生。程度落後的學生更需要老師的關愛與教導，所以，將認真負責老師安排給程度跟不上的學生才符合適性原則。

第二個原因則是學生的主動性或被動性，這也是適性教育與因材施教在做法上的一個主要的差別。孔子在〈論語・述而篇〉中說：「不憤不啟，不悱不發，舉一隅不以三隅反，則不復也。」意思是說，不到學生想了解而不得其解的時候，不去開導他；不到他有想法卻說不出來的時候，不去啟發他。如果不能舉一例而能理解三個類似的問題，那就不要再教了。有人認為這句話表示孔子是重視啟發的，希望學生能主動學習。但從另一個角度來看，如果真的遇到這樣的狀況，難道老師就要放棄學生了嗎？儒家因材施教的主導權在老師，老師甚至可以決定要不要教下去，但似乎忽略了學生的需要與自我期許。

適性教育的理念則是要將教育的主導權交給學生，尊重學生的選擇，但也不是放任學生，而是要啟發其動機與潛能，幫助學生了解自我及外在環境，引導他做出最恰當的抉擇。如果分組教學的方式是，由學生自己選擇適合的組別，學校再將資源做適合的安排，也許是可行的。

如何做好適性教育？

廣義的教育包括家庭教育、學校教育、社會教育，而狹義的教育則專指學校教育而言。學校教育的影響至深至遠，國家辦學校教育是希望能提高國家的競爭力，並促進社會的和諧與進步。家長送孩子去學校，則是希

因材施教與適性教育在做法上的不同

項目	做法	主導權
因材施教	老師依學生的材提供適合的學習環境	老師
適性教育	學生依其自我探索到的特質，選擇適當的學習環境	學生

望孩子能在學校的環境中增進品德，習得待人接物的能力，並學習到知識及解決問題的能力，以提高其個人競爭力，未來能安身立命。教育之於社會還有兩項重要的功能，一是要能促成社會階級的流動，教育要讓每一個人都有追求與實現夢想的機會；二是可以移風易俗，因為小時候的觀念是比較容易塑造與養成的，等到了成人階段，再要改變觀念就比較難了。

孩子的學習是動態的，適性教育必須依照每一個人的學習狀況做調整，才能達到最好的學習效果。因此，從系統工程的角度來看，適性教育是一個「閉迴路系統（closed-loop system）」。什麼是閉迴路系統呢？在控制工程的領域中，有一個適應控制（Adaptive Control）的理論，談的是如何因應外在環境的變化（如時間、溫度、壓力、地理位置等）而設計控制器，外在環境的變化由感測器得知，回授至控制器而形成一閉迴路系統。

以恆溫控制冷氣機為例，內部壓縮機依據溫度感測器訊號來調整運轉速率，調節冷氣輸出。有了控制器的命令與感測器的訊息回授，整個系統就成為一個閉迴路系統。早期的冷氣機不具恆溫控制的功能，壓縮機一旦啟動，就一直運轉下去，只有手動才能停止，就是開迴路（open-loop）系統。比較之下，閉迴路系統更具環境的適應力，更能達到控制的目標。除了控制理論與適性教育外，閉迴路系統的觀念也可用於政治、經濟上，與唯物辯證論及知行合一的觀念亦有可相呼應之處。

在啟動適性教育動態系統時，我們首先要進行智能的評估。如前所述，東方的孔子與西方的亞里斯多德都強調適性的重要，但要如何來界定「材」或「條件」？每一個人的心中都有一把尺。中庸有言：「天命之謂性、率性之謂道、修道之謂教。」合在一起說，教就是修天命之道。所以，依儒家的說法，材由天命而來，也就是本性。這提供了適性教育中「性」的一個意涵。但儒家並未提出一個較科學的方法來界定「材」。在西方的諸多學說中，哈佛大學心理學家加德納依據生理學與心理學的科學證據所提出的多元智能理論則頗具參考價值。

前述編班依據的智力測驗多為評量學生的智能商數（IQ，Intelligence Quotient），包括語文能力、數學邏輯能力與空間觀念等。在工業時代，人力的需求主要在製造業，這個智能

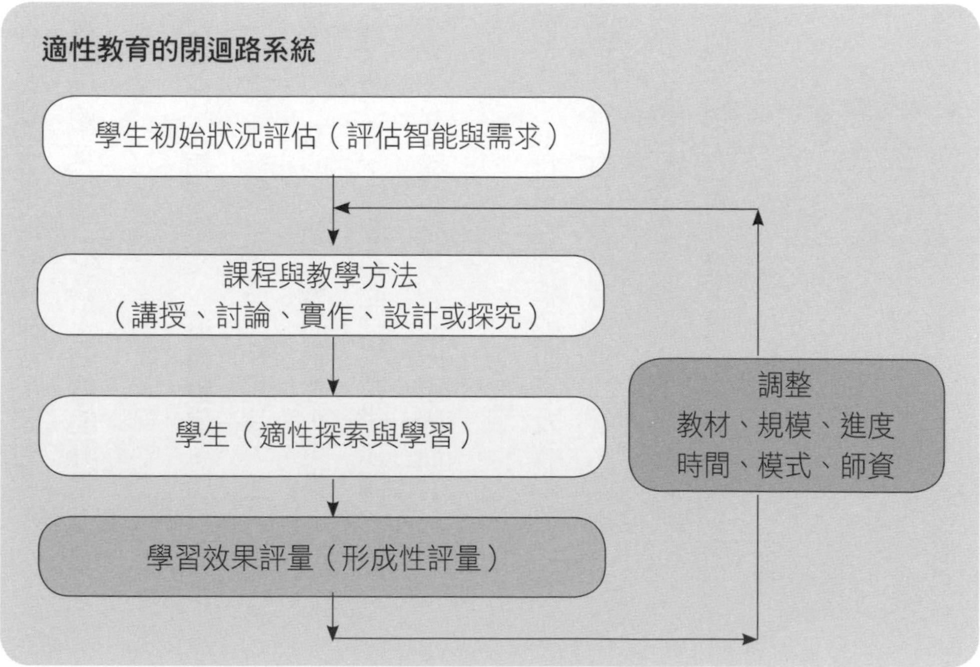

商數可能是重要的評量項目。但現在已進入知識經濟與資訊發達的時代，強調的是合作與創新，服務業的人力需求已超過製造業的需求，是否仍適宜採用IQ為主的智能評量依據呢？

加德納教授進行了全面的智能解析，將人的智能分為八大類：語文、邏輯數學、空間（藝術）、肢體運作（體育）、音樂、人際、內省（文學或哲學）、自然探索等，並強調每一個人都具備這八大智能，只是強弱程度各有不同。有的人語文智能很強，但邏輯數學智能較弱；人際智能強的人可以很容易與他人打成一片；空間智能強的孩子以圖案的方式學習效果較佳。每個人的學習方式或工作環境，若能隨著強項智能的不同而有所調整，將達到事半功倍的效果。

經過學生的智能評估後，老師再依學生的需求及期許，進行適性課程的設計及教學方法的操作（控制器），使得學生得以適性探索與學習。再經由各類學習效果評量（感測器），了解學習狀況；據以調整課程內容或教學策略，回授至教學方法（控制器）的施行，完成閉迴路系統的功能。具體操作方式將分六個面向來討論，接下來在第二部個別說明。

天生我材必有用

吳武典／國立臺灣師範大學特殊教育學系名譽教授
國立屏東教育大學特約講座教授

古老的觀念，最新的啟發

若問當代影響教育最大的思潮是什麼？一九八三年美國哈佛大學加德納教授（Howard Gardner）提出的多元智能理論（Theory of Multiple Intelligences; 簡稱MI理論），無疑是最具代表性者。俗話說：「天生我材必有用」，《聖經》有句話：「上帝為人關閉一扇窗，祂必為他打開另一扇窗。」作家愛默生說：「什麼是雜草？是優點未被發掘的植物。」諺語云：「何謂蠢材？可能只是放錯地方的人才。」美國著名臨床心理學家威廉．格雷塞（William Glasser）強調「每位學生都可以成功（Every student can succeed）」。以上皆在傳播一個古老而常新的理念：人類的潛能不是單一的，學校的教育應更多元化。也就是說，每個人都有充分發展其潛能的權利，並且每個人具有其獨特的一組潛能、知覺、興趣與目標。教育上的一項重大課題便是如何發掘個人的潛能，並提供充分發展的機會。學生無論是上智或下愚，皆有所長，並有所短，教師時時要面對學生多元化的學習需求，幫助學生知其所長，知其所短，並能揚長補短，不斷成長。

十二年國民教育規劃設定的主要願景「成就每一位孩子」，可以說是建立在這種

「適性揚才」的信念及「多元智能」的理論基礎之上。

何謂智能？加德納在其成名著《心智架構：多元智能理論》一書中，開宗明義對智能下了這樣的定義：「在某種文化情境的價值標準下，個體解決問題和創造產品的能力。」這個定義強調智能的社會文化性，不同的社會文化有不同價值觀，因而人們對智能的理解及其表現形式的要求也有所不同。後來，他又作了補充：「智能是一種處理訊息的身心潛能（bio-psychological potential），這種潛能是在某種文化情境下，能主動地解決問題或創造具有文化價值的產品。」根據這種定義，智能是看不到也無法測量的，這些潛能能否被引發出來，要視文化所重視的價值觀及所提供的機會而定，以及一個人自身、家庭、老師或其他人影響下所作的選擇和決定。

多元智能論的興起對傳統智力觀點提出挑戰，對過分重視標準化測驗提出反省，它固然受到認知心理學理論及認知神經科學研究的影響，但和「以學生為中心」的理念相符，與多元文化的理念不謀而合，而且理念明確易懂且具親和性。與傳統智能觀的比較，它打破了一元智能論、遺傳決定論、智能不變論，以及智商代表智力的說法。因此是一個健康的觀點，影響當代的智力觀和教育觀至鉅，也帶來了學校課程重整、教學革新和多元評量的浪潮。在當代教育改革中，儼然成為主導的力量。

多元智能理論概述

加德納根據多年觀察腦傷病人的行為，並綜合其在認知心理學、發展心理學等心理學相關領域的研究成果後，依據他所設定的八項智能判定標準而提出，以補充傳統智能理論的缺失與不完備。而加德納所設定的八項智能判定標準如下：

1.它可以由腦部受創的狀況分離出來。

2.它可以由白痴專家（idiot savants）、神童（prodigies）和一些在某個領域呈現高強能力的特殊個人身上看出來。

3.它擁有可以明確指認出來的一項或一套核心操作過程。

4.它有一個特殊的發展歷史，和一套專家的「終極狀態」表現。

5.它有生物演化的歷史或是演化的道理。

6.它有心理實驗方面的支持。

7.它有心理測驗上的支持。

8.它有一個在符號系統下進行解碼的敏感性。

根據上述標準，加德納於一九八三年提出了七種智能：語言智能、音樂智能、邏輯數學智能、空間智能、肢體動覺智能、內省智能和人際智能；之後在一九九三年提出了第八種智能——自然智能。後來他又提出了「存在智能」，這是了解人生意義、掌握生命價值的智能。但這項智能因未符合他設定的所有標準（主要是腦神經基礎），所以他說那只能算是半個，因此共有八個半。

根據多元智能理論設計統整性課程，非常適用。例如以「環境保護」為主題的設計（參看p40表）。課程的安排應該以學生的優勢智能為出發點，進而發展出適合學生的補強方法。多元智能論並不反對補救學生較缺乏的能力，而是提供教育者一個省思，不要只從自己所注重的智能觀點去教育學生，而是應該跳脫出來，以全面的角度去思考最適合學生的課程安排。

若以多元智能進行評量，有以下的特色：一、強調利用多種評量的方式，尤其是從真實的情境中，持續地查核學生的實際表現（真實的評量），而非傳統的紙筆測驗。二、個人內在差異（intra-individual differences）的分析重於人際差

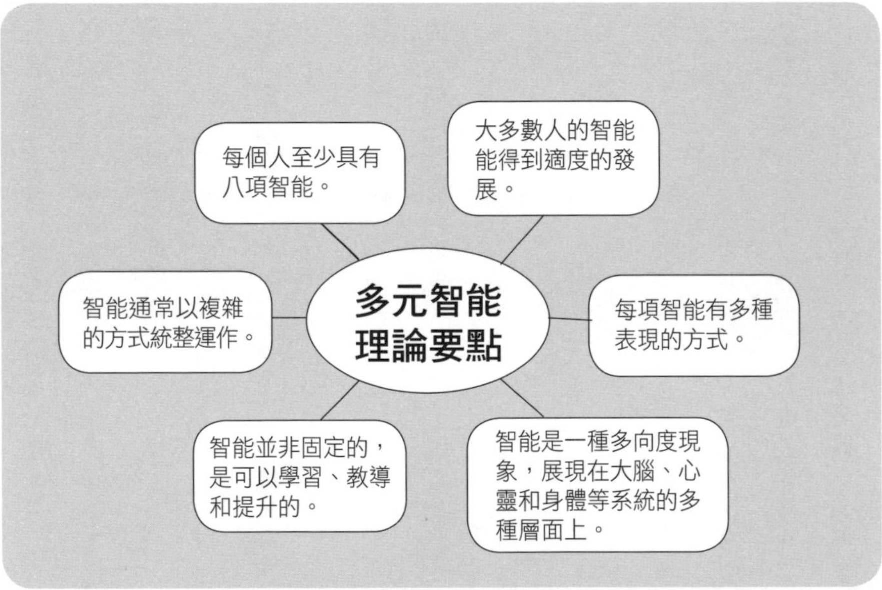
多元智能
理論要點
每個人至少具有八項智能。
大多數人的智能能得到適度的發展。
智能通常以複雜的方式統整運作。
每項智能有多種表現的方式。
智能並非固定的，是可以學習、教導和提升的。
智能是一種多向度現象，展現在大腦、心靈和身體等系統的多種層面上。

異（inter-individual differences）的比較（常模參照）。三、個人優勢特質的分析重於弱勢特質的分析。四、強調個人優勢特質的運用，而非賦予特殊且固定的標籤。

加德納自認他的MI理論與教學實務有相當的距離，沒想到無心插柳柳成蔭，今日他的MI理論應用到課程與教學上相當多。九〇年代有很多人應用MI於課程設計與教學上，其中有若干誤解和誤用。他對於有人把多元智能貼上IQ的標籤，很不以為然。雖然MI在促進對人類了解上很有功能，在科技整合上也很有意義，但他認為MI最好用於特定的教育目標，而不要包山包海。MI的未來目標是「創造」加「責任」（倫理）；創思時勿為創思而創思，應思其如何應用，即要負起創思的責任。

加德納把人的特殊性刻劃得周到而精確，使「人人都有機會」，可謂貢獻厥偉；他能強調差異，卻又能建立通則，令人佩服。MI理論在教育上最主要的影響是，徹底改變了教育者對兒童智力的刻板印象，建立了多元性的信念；其次是影響了正式課程和教材的設計。MI是課程與教學的好理論，可做為課程與教學的指引，它道出了智能的多面向和發展性，不強調人際的比較，在學生內在差異的了解和因應上，特別有價值；至於在主流的教學和評量實務上的影響，則仍有待觀察。MI理論在美國校園裡的應用，仍持續發燒中，雖然還未能成為學校教學的主流（事實上，在美國多元化的社會中，根本不可能有獨霸性的教學模式），但也出現了不少著名的MI學校。

總而言之，MI理論對教育的影響並非是整個體制的轉變，而是打破以往的單一標

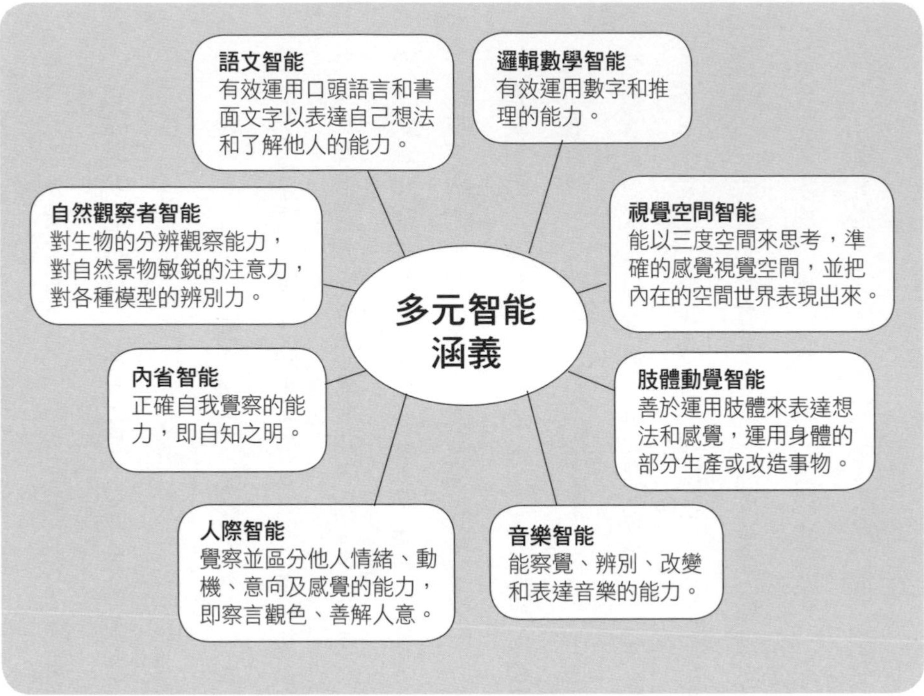
多元智能
涵義
語文智能
有效運用口頭語言和書面文字以表達自己想法和了解他人的能力。
邏輯數學智能
有效運用數字和推理的能力。
自然觀察者智能
對生物的分辨觀察能力，對自然景物敏銳的注意力，對各種模型的辨別力。
視覺空間智能
能以三度空間來思考，準確的感覺視覺空間，並把內在的空間世界表現出來。
內省智能
正確自我覺察的能力，即自知之明。
肢體動覺智能
善於運用肢體來表達想法和感覺，運用身體的部分生產或改造事物。
人際智能
覺察並區分他人情緒、動機、意向及感覺的能力，即察言觀色、善解人意。
音樂智能
能察覺、辨別、改變和表達音樂的能力。

多元智能的課程統整架構示例

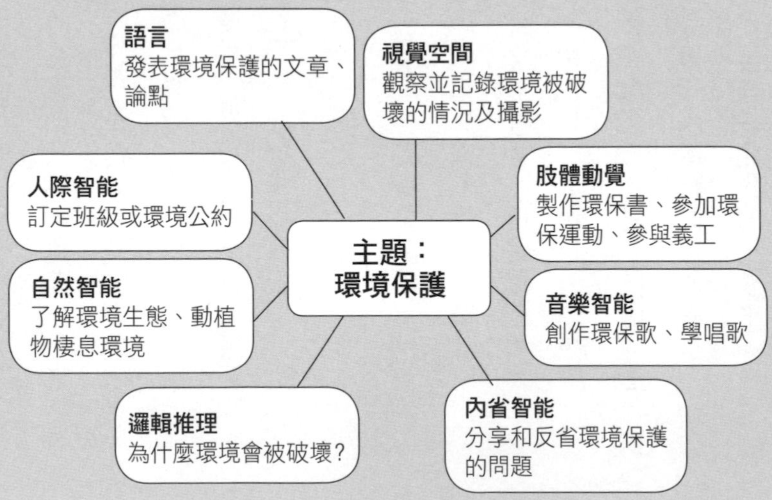
主題：
環境保護
語言
發表環境保護的文章、論點
視覺空間
觀察並記錄環境被破壞的情況及攝影
人際智能
訂定班級或環境公約
肢體動覺
製作環保書、參加環保運動、參與義工
自然智能
了解環境生態、動植物棲息環境
音樂智能
創作環保歌、學唱歌
邏輯推理
為什麼環境會被破壞？
內省智能
分享和反省環境保護的問題

準，讓教育人員能夠以另一種更積極、正向的角度去對待每位學生，發掘學生各方面的能力，進而從孩子的優勢能力，去發展出適合他們能力的課程。事實上，多元智能的教學模式不僅適用於資賦優異學生和一般學生，對於文化殊異與身心障礙學生而言，也是能讓他們能力發揮的一種教育方式。

個人以為多元智能的理論有其普遍性，多元智能的評量與教學也有其本土性，值得就地研發、應用和檢驗。這也就是研究者嘗試進行多元智能組型分析的緣故，這種分析有助於落實個人內在差異的了解和優勢能力的分析，就初步實徵研究資料來看，結果是令人鼓舞的。在迎向多元智能、多元發展的新世代之際，我們期望它帶來新一波前瞻性的教育改革，不但達到教育機會均等（education for all），而且人人得盡展所能（excellence for all）。

多元智能的名稱、定義及典型人物

智能	定義	典型人物
語文智能（Linguistic）	有效地運用口語語言或書寫文字的能力，如詩人、作家、編輯、記者、演說家、政治家、新聞播報員、劇作家等。 這類學生喜歡玩文字遊戲，如：猜謎、聽或說故事等。在學校裡，他們對語文或歷史之類的課程較感興趣，在談話時常引用別處讀來的資訊，喜歡閱讀、討論及寫作。	李白 哥德 莎士比亞 徐志摩 魯迅
邏輯數學智能（Logical-Mathematical）	有效地運用數字和推理的能力，如科學家、數學家、會計師、工程師、電腦程式設計師、稅務人員、統計學家等。 這類學生在學校特別喜歡數學或科學類的課程；喜歡提出問題並執行實驗以尋求答案，喜歡探討事物的規律及邏輯順序；對科學的新發展有興趣，對可被測量、歸類、分析的事物比較容易接受。	哥白尼 牛頓 愛因斯坦 霍金 華羅庚
音樂智能（Musical）	察覺、辨別、改變和表達音樂的能力，如作曲家、音樂指揮、樂師、樂評人、樂器製作者、演唱家、歌手、知樂的聽眾等。 這類學生對節奏、音調、旋律或音色敏感度高，通常有很好的歌喉，能輕易辨別出音調準不準，對節奏很敏感，常常一面工作一面聽或哼唱音樂；會彈奏樂器，一首新歌只要聽過幾次就可以很準確地把它唱出來。	貝多芬 莫札特 休曼 黃自 馬友友
空間智能（Spatial）	準確地感覺視覺空間，並把知覺到的表現出來的能力，如嚮導、航海家、飛行員、偵察員、雕塑家、畫家、建築師、工程師、室內設計師、攝影師等。 這類學生對色彩、線條、形狀、形式、空間及它們之間關係有很敏銳的感覺，也能將視覺和空間的想法具體的在腦中呈現出來，或在一個空間的矩陣中很快找出方向。他們喜歡玩拼圖、走迷宮之類的視覺遊戲；喜歡想像、設計及隨手塗鴉，喜歡看書中的插圖，學幾何比學代數容易。	米開朗基羅 梵谷 畢卡索 張大千 貝聿銘
肢體動覺智能（Kinesthetic）	善於運用整個身體來表達想法和感覺，以及運用雙手靈巧地生產或改造事物的能力，如運動員、舞者、外科醫師、工匠、手工藝者、演員、雕塑家等。 這類學生有特殊的身體技巧，如平衡、協調、敏捷、力量、彈性和速度等。他們很難長時間坐著不動，喜歡跑跑跳跳、觸摸環境中的物品或動手建造東西，如縫紉、編織、雕刻、木工。他們喜歡在戶外活動，與人談話時，有豐富的肢體語言，喜歡驚險的娛樂活動，並且定期從事體育活動。	喬丹 麥克傑克森 林懷民 劉翔

內省智能 (Intrapersonal)	有自知之明，並據此做出適當行為的能力，如小說家、心理學家、哲學家等。 這類學生對自己有相當的了解，意識到自己的內在情緒、意向、動機、脾氣和感覺，具有自律、自知和自省的能力。他們通常能夠維持寫日記或睡前反省的習慣，常試圖由各種的回饋管道中了解自己的優、缺點；經常靜思以規劃自己的人生目標，喜歡獨處。	曾子 佛洛伊德 甘地
人際智能 (Interpersonal)	察覺並區分他人的情緒、意向、動機及感覺的能力，如社會工作者、教師、公關、銷售人員、心理輔導師等。 這類學生對臉部表情、聲音和動作具有敏感性，能辨別人際的暗示，並對這些暗示做出適當的反應。他們通常比較喜歡參與團體性質的運動或遊戲，如籃球、橋牌，而較不喜歡個人性質的運動及遊戲，如獨自慢跑、獨自玩電動玩具。遭遇問題時，他們比較願意找別人幫忙，也喜歡教導別人做事或分享個人經驗。他們在人群中感覺很舒服自在，通常是團體中的領導者。	孔子 曾國藩 邱吉爾 史懷哲 羅吉斯
自然智能 (Naturalist)	能了解、欣賞大自然的奧妙，與之和諧而快樂地共存、共榮的能力，如生物學家、農夫、公園解說員、星象觀測員、環境生態學家、環保人士等。 這類學生能辨識動、植物及其與自然環境的關係，透過和外在環境的互動，觀察出四季輪換和物理環境間的關聯性。他們渴望透過感官來摸索這個世界，了解事物的運作情形，著迷萬物生長的過程，關心與探索自然景致的變化。	老子 莊子 達爾文 珍古德
存在智能 (Existential)	了解人生意義，掌握生命價值的能力，如哲學家、宗教家等。 這類學生嚮往美學、哲學、道德、宗教的價值；常思索人生大問題，包括存在的意義、人類的命運、宇宙的本質，有明確的生活目標，並能以泰然的態度面對生死和宇宙的變化。他們綜合歸納能力強、思路寬廣、關懷面大，往往沉浸在大愛或藝術的種種深奧經驗中，渾然忘我。	蘇格拉底 林肯 聖嚴法師 單國璽

本文參考資料：

吳武典（2011）:《多元智能量表乙式（CMIDAS-B）指導手冊》第二版。心理出版社。

吳道瑜、吳武典（2011）:「高中學生多元智能組型探索研究」，<測驗學刊> 57（2），269-292。

Gardner, H.（1983）. Frames of mind: The theory of multiple intelligences. New York: Basic Books.

Gardner, H.（1993）. Multiple intelligences: The theory in practice. New York: Basic Books.

Gardner, H.（1999）. Intelligence reframed: Multiple intelligences for the 21st century. New York: Basic Books.

Gardner, H.（2003）. 20 years of Multiple Intelligences: Reflections and a blueprint for the Future. Keynote paper prese at the 2003 Annual Meeting of American Educational Research Association, Chicago, USA, April 21-25, 2003.

專家理念分享

給孩子潛能開展的美好未來

吳清基／臺灣教育大學系統總校長
總統府國策顧問，前教育部長

萬世師表至聖先師孔夫子二千多年前提出「有教無類，因材施教」，這個教育理念至今仍為世界各國的教育工作者奉為圭臬。十二年國民基本教育的實施也以此理念為前提，更以適性揚才為其核心價值之一。適性教育旨在提供學習者切合其個別特質和需求的學習，以發展個人潛能，進而得以自我實現。由於學習者的特質極具多樣性，其能力、性向、興趣、經驗、文化等成長背景因素均有所不同，因而形成不同的學習需求。教師必須配合這些差異進行教學，讓每個學生都能成功學習。可採取「個別的」教學，也可採取「團體的」教學，只要能滿足學習者身心發展需要和達到進步成長的效果，都是適性教育的可行方式。

美國哈佛大學著名教育心理學者加德納，認為人類的智能有八大類，只是各項智能的強項組合不同；只要提供適切的學習環境，這些潛能終將獲得開發。多元智能理論的觀點，擴展了傳統個別差異的視野，使得適性教育的內涵可更多更寬廣，對學生才能開展和人才培育，提供了新佐證和新方針。

多元智能理論的提出會受到重視和肯定，是因為它給了每個人希望，每個孩子都是寶，只要不自我放棄，不自我墮落，人人皆可成為有用的人才。多元智能理論也消弭了傳統刻板的印象，修正了一般人偏差的觀念，過去只有語文能力好、數學能力好的學生，才被重視或期望，如今體育、空間、音樂、自我省思、人際關係、自然探索等能力好的人，一樣都能擁有一片天，都會受到社會的關心和重視。如同美國小布希總統所提出：「永不放棄任何孩子（no child left behind）」，每個孩子只要適性發展，都可成為有用人才。

十二年國教要實現有教無類、因材施教的理想，教育機會均等和適性揚才是各國義務教育的目標，這也是主流的普世價值。十二年國教不採計在校成績，會考僅占百分之三十，是希望能減少過度的壓力，學習表現達到基本平均值就好，但仍含有學習的誘因。從學習心理學的角度，適度的壓力才能引領學習方向，與達成志向和願景的實現。糖衣式的快樂學習對學習是不好的。我們要的是「適性快樂學習」與「適性發展，終身學習」。

學術與技職各有一片天

學術與技職雙軌並行的教育改革，是可行且可得見成果的。菁英教育仍要保留其優質文化，而社區高中則將發展全方位教育。歷任教育部長許多都來自社區高中，包括黃榮村、林清江、吳京、鄭瑞城和蔣偉寧等。菁英教育固然有其優勢，但社區或偏鄉學校永不放棄任何一個孩子。

技職教育的一片天絕非夢想。例如建校一百零三年的國立台北科技大學（前身為台北工專）已誕生了一百多位上市上櫃公司的老闆和十幾位大學校長。而台灣百分之七十的中小企業主都出身技職體系。中國海專出身的郭台銘，在中國大陸已有一百三十萬名員工，貢獻大陸GDP年產值的百分之四。

台灣學術界與政界也有很多重要人物是技職體系出身，再轉進高階領導為公眾服務。這其中包括央行總裁彭淮南、前司法院長賴英照、前財政部長林振國及李述德、前經濟部長林義夫、監察院長王建煊及副院長陳進利等人，審計部長林慶隆、前考試院長姚嘉文、前立法院長劉松藩、副院長江丙坤、前行政院長謝長廷和游錫堃也都曾就讀技職體系。台北科大校長姚立德當年考上建中放棄就讀，他是北區五專榜首。近年大家耳熟能詳的吳寶春憑一技之長榮獲世界麵包冠軍，一年賺好幾億元，可謂「一枝草一點露，行行出狀元」。

探索孩子的亮點與性向

適性教育的理念，早在十九世紀末到二十世紀初，就已大量的被討論。世界各地也出現各種不同的特色教學方法和學校。例如：道爾頓計畫（Dalton plan）或文納卡計畫（Winnetka plan）等。目前特殊教育實施的個別教育方案（Individual Educational Program

, IEP）就是適性教育的最好見證。

十二年國民基本教育的實施，未來學生升學不必經由國中基本能力測驗考試分發，免試升學制度能獲採行，沒有考試引導教學之情形，學生不必為應付考試來辛苦讀書，學生可依性向、興趣和能力去找尋自己生命中的亮點，去做最有利的潛力開發。

未來，孩子們能從小寓教於樂，例如幼稚園階段從美勞入手，自己動手做。入學後會施測各種量表，並參與各種活動做為探索的平台，發揮優勢和發掘亮點。自小學逐級建立個人檔案，也同步建立輔導資料檔案。學校會鼓勵並加強學子多看多參與，也會多注意、多關懷孩子，更新並落實輔導機制，隨時記錄。教育經費應挹注人民團體或法人機構主動辦理有意義的活動，中華適性教育發展協會所主辦的「適性探索親子營」即為一例。

引導教學與性向輔導將引領孩子主動學習，成就自己。透過終身學習，孩子將不再怕輸在起跑點，而是要贏在終點，探索孩子的亮點與性向是最重要的。

讓老師有效教學

有教無類在強調教育機會均等，永不拒絕任何孩子的受教育權利；因材施教則在強調孩子適性教育的必要性和可能性。古今中外，許多成功的教育家和心理學者，均同意任何學生、任何資質的孩子，只要能針對其個別性向、興趣和能力的不同，採取適當不同的教材和教法，都可把他的潛能做最好的開展和實現。

在特殊教育領域，IEP個別化教育計畫的實施，被認為是普遍可行的，每位學生或資優、或智障，皆可因其個別不同需要，提供適合他發展需要的教材教法；或個別化教學、或團體學習討論方式均可被接受。

事實上，教師有效教學的策略，是建立在適性教育的理念和實務上，使教學能切合學生的特質和需要，以促進學生的成功學習。教師可創造支持性的學習環境，負起主動教導學生的責任，有效管理並運用有限的教學時間，使用適切的教學程序和方法，如：講解、示範、說明、提問、啟發、矯正、回饋等，安排充分練習和應用的機會，指導學生獨立學習，和鼓勵學生間的合作學習等。

十二年國民基本教育實施後，學校沒有升學率的壓力，教師少了考試引導教學的魔咒，教師可發揮教育的專業，以愛心和啟發教學，去做適合孩子需要的最佳學習安排，達成適性成功的教學目標實現。

教師可善用各類心理測驗的量表，以及在活動中教學的方式，引導學生適性學習。針對特殊孩子的輔導需使用差異化的評量方式，鼓勵其發揮所長。有效地推動三合一輔導制（級任導師、輔導／特教專案、心理輔導／IEP個案輔導）將能適度減輕老師的負擔；並可用特殊獎勵措施來激勵教師士氣。教師專業成長團體對於教師的成長有其意義，應鼓勵教師參加。

家長對孩子潛能開展的期許

「望子成龍，望女成鳳」是天下父母心，每一位父母都希望傾全力提供孩子生涯發展最有利的平台。過去，因升學管道不暢通，及傳統價值觀念有偏差，導致大家對孩子念高中給予寄望鼓勵，對孩子念高職就不予看好，甚至輕忽放棄。其實，這是受到傳統「勞心役人，勞力役於人」的心理固著作用影響。今天知識經濟社會中，技職教育能培養出有創新技術的人，就是贏家，因為在知識經濟時代，創新力就是競爭力。台灣經濟奇蹟的產生，就是我們用中小型企業去和國際大企業競爭，仍能讓台灣成為世界第四大外匯存底國家，和世界第十四大經濟體；其中，中小型企業主功不可沒。而中小型企業主百分之七十來自技職系統畢業生。不只在經濟面有傑出表現，政治面也很傑出，五院院長、不少部會首長、民意代表都有來自技職院校畢業生；以學術面來看，台灣的大學校長或院士、教授群也有許多是技職出身。

因此，家長對孩子的未來發展，若能從適性揚才之觀點去看，只要依其性向、興趣或能力的優勢亮點，在多元智能理論的前提下，提供最適當的教和學環境，給孩子最大的關心和鼓勵，相信每一個學生都可得到最大潛能的開展，成為社會上有用的人才。

由於家長社經背景互異，自然對孩子有不同期待。家境好的家長可透過學習才藝，發現孩子亮點，並傾全力栽培。而勞動階級，就有待老師發掘，補家長之不足。過去固定主觀的價值觀，只著重孩子穩定謀生的生涯規劃；但現代父母已知曉透過親子互動來讓孩子適性發展。這些轉變都有待老師和父母，以及親子溝通一起做適性調整。若父母不能尊重孩子的適性發展，了解孩子並心有準備，反而一味以父母期待的成就要求，這則親子習題就會無解。當孩子的興趣和能力無法達到父母的期待時，父母一定要給予孩子嘗試錯誤的機會；讓孩子在挫折中引導到他的強項，孩子才會珍惜。在青少年時期，當性向尚未確定時，因同儕起鬨而作的選擇，通常不是最適合的。

美國的教育在一九五〇年代受到杜威「兒童本位說」的影響，主張要放手讓孩子去學。但在蘇俄於一九五七年發射了史普尼克一號衛星後，美國就有異聲批評杜威所謂的「吃小菜不吃大餐」的觀點，教育制度又做了調整。兒童本位說是需要調和的，所謂「執兩用中」，適性教育正是在其中找到平衡點。

產業界的配合

適性教育要能成功，產業界的配合是很重要的。在德國，進入技職與高中的學生人數比約為7：3，技職畢業生都能找到有價值的工作，社會尊重職業教育的價值與尊嚴。過去勞心役人、勞力役於人的觀念，現在要改為勞心役人，勞力也不役於人。只要自創品牌，便能走出一片天。現今技職教育的成果輝煌，在世界八大發明展中，其中七大發明展的世界總冠軍就是台灣，我們有百分七十的技職學生參加並獲獎。

現階段台灣努力的方向是，參考世界排名五百大中第二十七名的德國慕尼黑工業大學，讓技職畢業生的就業管道暢通，待遇提高。德國因為其產品世界馳名，國際競爭力高，企業老闆拿出良心，回饋員工，才能讓技職體系健全發展。台灣要能做到，企業主的社會責任感是關鍵。企業主要能分享，要提升薪水，改善工作環境，並提升技術。如此才能讓親師生認同技職教育也是一條康莊大道。

政府強力推動

適性教育的理念與政策需要宣導和行銷，以讓社會廣為接受。政府施政有其急迫性和短中長程計畫，尤需編列經費，加強在課程、教學與師資等各面向的適性教育配套措施，並補助學術團體、民間社團和企業共襄盛舉，引導社會大眾對學生適性發展的正確認知。家長和社會的觀念調整了，適性價值的影響力就會彰顯。

輔導教師是十二年國教適性教育的關鍵，目前兩千多位的配置，明顯比例不足。未來少子化後，政府可以和教師會協商，使得在班級人數不減的條件下，多出來的老師經過專業訓練及生涯輔導後，可轉為學習輔導教師。

職業輔導的觀念要進入校園，本人過去擔任台北市政府教育局局長時，曾在每學年度重要工作行事曆中彙編「技職教育的天空」口袋書，表揚技職體系畢業傑出校友，做為年度成功人士優良典範。經過典範的表揚，可發揮正向力量，促成適性教育的落實。

十二年國民基本教育，自民國一〇三學年度開始實施，這是中華民國教育發展史上值得肯定的大事，相信在沒有國中基測壓力下，不再有考試引導教學的情形，是可預期的。未來引導多元適性發展，除可舒緩過度升學壓力，亦可確保學生學習品質，均衡城鄉教育發展，追求社會公平正義，培養現代有素養的公民。不僅政府會全力落實二十九個執行方案，以追求教育政策的成功施行外，社會、家長們也要有適性教育發展的正確價值期待，不再偏執於學術性向孩子是寶貝，實作性向孩子沒前途的錯誤看法。適性揚才、個個是人才、行行出狀元，十二年國民基本教育的實施，將因適性教育的推展，再度點燃國家教育希望之火花，璀璨未來必然可期待。

走過來時路，吳總校長的適性發展踏實夢

訪談彙整：楊世凡／國立空中大學講師

自中學起就想當老師，立志做校長的吳總校長，中學時在台南北門高中就讀，當時的校長是後來擔任台灣省教育廳長、教育部常務次長的施金池先生。施校長的風範強化了吳總校長的志向，在參加大學聯考後，以可以進台大法律系的優異成績，考上選填的第一志願師大教育系。

吳總校長在小學低年級時，由於家貧未讀過幼稚園，而鄰居里長的孩子則因家境富

裕，早一點讀書而考第一名並擔任班長。但吳總校長天資聰穎，急起直追，從小學三年級起，直到大學畢業，一直維持第一名，並持續擔任班長和教育系學生會長。吳總校長自多元活動中培養領導EQ，不畏家境清寒，以他人利益為導向，發揮為他人服務的信念，使他領受到多元學習的益處，並始終秉持著感恩的情懷。

吳總校長自認得益於全人教育，普遍發展個人性向和興趣，培養了多元能力。他不但在語文、數理、人際與自我省思等智能上都有良好表現，更愛唱歌與運動；並於就讀師大期間，獲選乙組田徑校隊，參加二次全國大專運動會。允文允武的吳總校長深信多元成就的社會終有來臨的一天。

吳總校長信奉胡適所言「為學博而精」，只要多面接觸，多方培養通識，在通才中培養專才，找到個人的專精、專業，人人即得以成就自己的生命價值。例如，走歌唱路線的周杰倫、演藝之路的小S、運動事業的王建民與曾雅妮，都發揮一己更大的影響力，影響社會，改變觀念。吳總校長誠盼學界也能呼應倡導多元發展之路，對青年的前途是很有幫助的。

專家理念分享

複雜理論與適性教育

吳順德／國立臺灣師範大學機電工程系副教授

國際知名導演李安曾在一場演講中提到：他剛從美國回台灣時，覺得台灣交通很亂，但好像又不會撞到，納悶之餘，只能以「亂中有序」來加以形容，而這股亂中有序的力量讓台灣民間充滿著活力與創造力。李安導演的亂中有序之說，與「複雜理論」中對於複雜狀態的描述不謀而合。

複雜理論中的複雜是一種介於秩序與混亂之間的狀態，在這個狀態下，系統內的各個成員擁有充足的「創造力」，另一方面，複雜系統中的各個成員必須保持互動，以凝聚彼此，使系統不致於崩解。一個複雜系統可以「自發性」地自我組織、自我調整，從而突然產生新的結構、規則及秩序，以快速「適應」外在的變動。

哈佛大學醫學院的華裔科學家彭仲康教授，是把複雜理論應用在生醫訊號研究的佼佼者，他發現人的心跳頻律如果太過「秩序」，則這個人的心臟已經產生鬱血性衰竭的現象；若心跳頻律太過「混亂」，則表示心臟已經產生緊急且致命的心室顫動。彭教授的研究發現，不管過於秩序或過於混亂，都代表生命體即將崩解；心跳頻率展現亂中有序的結構才是健康的象徵。

複雜理論也被學者用來解釋組織的變革：一個組織若太過強調穩定（秩序），訂出過多的規範來限制其成員的發展，則組織將漸漸僵化；當環境產生巨變時，缺乏應變能力的組織可能會在旦夕之間就遭到摧毀。另一方面，若組織給予組成分子過分的自由，過少的規範將驅使組織朝向不穩定（混亂）的方向靠攏，最後導致組織的分崩離析。「亂」是為了讓組織內的成員獲得足夠的自由與創造力，引導組織不斷地進化以回應外在的變動；另一方面，「序」的力量讓組織成員透過溝通、互動形成共同的價值，凝聚彼此，向共同的目標前進。因此，如何讓組織維持在「亂中有序」的「複雜」狀態以凝聚彼此，並快速的「適應」外在的變革，是一個值得研究的問題。

在教育研究上，「老師—學生」形成了一個最基本，也是最重要的有機體。戒嚴時代的教育制度，老師的授課很少考慮學生需求的多樣性，給予齊一化的教材內容，此種過度秩序的學習有機體，導致整個國家的創新力不足，而難以適應現在快速變動的世界。在政治解嚴之後，教育隨之鬆綁，部分的教改人士主張教育必須解放，避免過多的管制，雖出於一片善意，但卻也讓許多「老師—學生」有機體產生過度混亂，而面臨崩解的命運；因此，讓教育系統重新恢復秩序的聲音時有所聞。從複雜理論來看，讓「老師—學生」有機體維持在亂中有序的狀態是一種最好的選擇，亂是尊重每個學生的獨特性，讓每個學生都能適性學習，發揮其最大的創造力；序則是讓學生具有互相溝通能力，透過溝通凝聚出社群的共識，讓整個社群能夠朝向更遠大的目標邁進。

那麼，學習社群該如何運作才能維持在亂中有序的複雜狀態呢？加拿大亞伯達大學（University of Alberta）的Davis教授提供了一個可以努力的方向。在他所發表的「Understanding Learning Systems: Mathematics Education and Complexity Science」文章中，提出五個符合複雜理論精神的教學準則：內部多樣性（internal diversity）、內部冗餘性（internal redundancy）、分散式控制（decentralized control）、有組織的混亂（organized randomness）、近鄰互動（neighbor interactions）。

內部多樣性的準則是指：鼓勵社群中的每一成員盡情發展自己的天賦，展現自我的獨特性，同時也鼓勵社群的組成分子對某個主題能提出各種不同的觀點。提升個人獨特性與鼓勵多元觀點，都能有效地增加社群的多樣性，提升社群的演化能力。但社群的成員如果太過自我，無法有效溝通，那麼社群成員將嚴重摩擦導致社群的崩解；因此，必須引入內部冗餘性準則。

內部冗餘性是指成員間必須有共通語言、某些相似的知識與價值觀以及社群責任的分享等等。內部冗餘性準則讓社群成員可以彼此互動溝通，同時，當某個成員失效時，其他人可以快速的填補缺陷，讓社群快速調整，而不至於崩解。

分散式控制準則是指：最終的權威並非來自於社群的領導（老師），而是各成員（學生），透過充分討論所凝聚出來的共識。分散式控制原則不僅可以確保社群的多樣性，同時也不會因為領導的失效而使社群陷入癱瘓。有組織的混亂原則是指如何訂出規範，來限縮議題的討論範圍，一方面讓成員探索此議題各種解釋的可能性，卻又不至於離題太遠，從而影響學習效率。有組織的混亂原則，讓社群成員有空間可以探索自己發展的可能性，卻又不會走得太急太遠而迷失。

綜合以上所述，內部多樣性與分散式控制原則釋放亂的力量，讓成員的自我獲得成長；而內部冗餘性與有組織的混亂原則是序的力量，凝聚社群成員並發揮其能力，使社群團體的戰力極大化。這幾個原則交互應用，可以讓社群進入亂中有序的狀態。中華適性教育發展協會所主張的適性教育，一方面建構以學生為本位的學習環境，充分發揮每個學生的天賦才能，另一方面也讓學生認識自己在社群的責任，彼此合作，讓社群的力量極大化以快速適應外在的挑戰，這種追求亂中有序的教育理念，正好與複雜理論的精神若合符節。未來，若能將複雜理論的精髓融入教學現場，那麼「老師—學生」有機體將充滿自發性、創造性，同時也能快速適應世界的快速變動。

第二部

適性教育六大面向

十二年國教成功與否的關鍵在於適性教育的落實。
適性教育就是，尊重學習者的需求與期許，提供適合其性向、興趣、能力、個性、文化背景等不同特質的學習環境與機會，設計**適性課程**與**適性教學**方法，使學習者得以在**適性探索**其各類智能後，依其選擇進行**適性學習**，並在**適性分流**的學制中，獲得成功的學習經驗，邁向**適性生涯**之路。

一、適性探索

教育是為了生活做準備，那要怎樣才可以過一個有意義的人生呢？最近看到一則報導，一位在安寧病房工作的醫生紀錄了人們在面臨死亡時最後悔的五件事，包括：我希望我能過屬於自己的人生、我希望我不要這麼努力工作、我希望我更勇於說出自己的感受、我希望我能多跟家人、朋友以及重要的人聯絡、我希望我可以讓自己更開心。

什麼是「屬於自己的人生」呢？應該就是自己選擇的，而不是被別人安排的人生。前經建會主委尹啟銘的女兒原本是念會計，當她拿到博士學位，畢業的時候，率性地跟尹先生說：「爸，我做完你交代的事了，現在我要做自己想做的事。」接著便遠赴日本學音樂。前國科會主委朱敬一的女兒在美國哈佛大學念完碩士，又到加州柏克萊大學攻讀博士，卻中途決定回台北從事最喜愛的糕餅烘焙業，「轉行」當麵包、蛋糕師傅。朱先生說：「雖不符合經濟學強調的投資效益，但我還是支持她，因為這樣的決定符合她的熱情。」

尹、朱兩位先生的女兒是幸福的，雖然晚了一點，但最後仍在家人的支持下開始了自己選擇的人生。賈伯斯曾說過：「你的時間有限，所以不要為別人而活。」適性教育的目標是要讓孩子有機會過屬於他自己的生活，要幫助孩子找到熱情；有了熱情，吃再多的苦也是甘之如飴，才能做到適性學習。因此，學生適性探索自己的性向、興趣、能力及與環境的關係，並充分認知自我的需求、個性、文化背景及對未來的期待是適性教育的第一步。

探索的方法

要如何探索呢？首先，我們要加強學生對人的生命之路的認知與自覺，了解自己與環境的關係，才知道探索的意義。

每一個人從生下來就有盼望與需求，嬰兒肚子餓了大哭，父母就趕緊去餵奶，滿足孩子的需求。但現實生活或環境的限制與壓力，卻未必能滿足所有的需求。心理學家阿德勒（Alfred Adler）曾說：「人類生活於意義的領域之中。我們所經驗到的並不是單純的環境，而是環境對人類的重要性。」每一個人都依其體會或認知的意義走生命之路。

阿德勒又說：「人與環境、人際與性的聯繫構成了重要的意義。」聯繫也是一種約束，因此，人的一生就在需求、約束與滿足的交互作用中度過。我們也許可將人生路的特質概述為以下三項：每一條人生路皆有其意義、滿足需求愈多的人生路愈難走、人生路是在約束條件下的最佳路徑。

每一個人的生命之路都有其意義與價值，都是獨特的；就好像全世界找不到兩個相同的指紋，也沒有兩條人生路是一模一樣的。所以，別人的路永遠只能做參考，不要想完全模仿，自己的路要自己走。

但我們選擇的路是否一定能如願以償呢？通常人的志願大小和年齡是成反比的，小時候很多人想要當總統或做大事，但老了以後覺得能活著就很好了。宋代大文學家蘇東坡一生坎坷不平，在第四個兒子生下來的時候寫下「惟願孩兒愚且魯，無災無難到公卿」的願望；但即使愚且魯也還是要做公卿，父母對孩子的期待總是很高。而蘇東坡的那個願望並沒有實現，據說他的那位公子在十個月大的時候就夭折了。

淮南子齊俗訓有言：「往古今來謂之宙，四方上下謂之宇。」我們生活在宇宙之中，就會受到時間與空間的約束。

在生命及環境的限制下，選擇要能如願是不容易的。如果需求愈多，環境的限制就愈多，競爭也就愈激烈，因此，路就會愈難走。如果走不下去怎麼辦？那就減少需求啊！人生路不是靜態的開迴路系統，而是動態的閉迴路系統；選擇可以在諸多的限制或約束條件下做最佳或最有意義的調整，只要那是自己努力過、有深刻認知的。

有了生命之路的認知後，我們所做的探索及選擇就可以與生活結合的更好。適性探索可以分為兩個面向，一個是自我的探索，另一個是環境的探索，希望能找到自我與環境的連結。

自我的探索

自我的探索可以分為先天的及綜合的兩部分。先天的部分包括性向與個性，我們可以經由師長觀察、自我覺察等較主觀的方式進行了解；亦可經由參加性向測驗、人格測驗等心理測驗得到一些客觀的資訊。綜合的部分則涵蓋需求、期許、興趣與能力。首先，我們可以嘗試建構自己的夢想，然後要了解夢想可能的發展及實現的條件，接著訂定人生的目標，再依對自我的認識擬訂圓夢計畫。如前所述，這個過程是動態的，如果發現夢想難以落實，計畫是可以修正的。

要實現夢想，需要興趣與能力的搭配。老師及家長的觀察與自我覺察，是認知興趣與能力的主要方式，除了日常生活表現外，亦可經由參加各種體驗營、探索營、技藝教育課程、各類競賽、檢定、社團活動等，進行多面向的探索。在學校團體活動及學業成績的表現是重要的參考資料，可以知道哪些智能可能是強項或弱項。興趣測驗、智能測評的結果也值得參考，但接受測評者在答題時要據實回答，不要有對錯的壓力，越是誠實以自己的狀況來填答，越能清楚地從測驗結果中看到自己的樣子，而非社會期望的面貌。有了這些訊息後，要建立學習歷程檔案及生涯規劃檔案，經過系統性的分析後，才能有全盤性的認知。

環境的探索

環境的探索亦可概分為先天的及綜合的兩部分。先天的部分主要是對自己及他人文化背景的了解，我們要主動探詢家族的歷史與文化，多參加家族聚會或活動，在活動中認識家族成員的觀念與作為，也可直接請教家族長輩對於一些事情的看法。在認知到自己的文化背景之後，可以在未來選擇方向時，將家族的支持度納入考量。此外，我們也要嘗試去了解其他文化的特質，使得我們的選擇更為周延。

我們生活在地球上，當然要對地球的環境有所了解。所以在外在的環境部分，我們要先認識地球的狀況，例如地球有哪些資源、有哪些限制、有哪些問題等。接著要認識在地球上賴以維生的各種方式，有的是我們嚮往的，有的是不喜歡的。為了有更清楚的認識，要多找機會參觀各類職場環境，包括工廠、企業、政府機關、研究機構等。我們也可參觀各類人才培育機構，如高職、職訓局、大學、研究所等，以認知各職業可能的培育及準備過程。如果對自己的方向已有一點了解，可直接參加產學合作計畫，親身在職場體驗工作的狀況。前人的經驗是可以參考的，要多參加職場介紹或講座，現在有一

全方位適性探索表

項目	先天的	綜合的
探索自我	性向與個性 ● 老師及家長的觀察 ● 自我覺察 ● 參加性向測驗、人格測驗	需求與期許 ● 夢想建構 ● 了解夢想可能的發展及實現的條件 ● 訂定人生目標 ● 擬訂計畫 興趣與能力 ● 老師及家長的觀察 ● 自我覺察 ● 參加各種體驗營、探索營、技藝教育課程、各類競賽、檢定、社團活動等 ● 觀察學業成績表現 ● 參加興趣測驗、智能測評 ● 建立學習歷程檔案、生涯規劃檔案
探索環境	文化背景 ● 了解家族歷史與背景 ● 參加家族聚會或活動 ● 請教家族長輩 ● 了解其他文化的特質	外在環境 ● 認識各種生活的方式 ● 參觀各類職場 ● 參觀各類人才培育機構 ● 參加產學合作計畫 ● 參加職場介紹或講座

經過有系統性的規劃，找到自我條件與環境約束的交會點，就是未來適合走的方向。

些學校會請家長或社區人士到學校做職涯分享，是一個值得推廣的做法。

上述適性探索的方式不是孩子可以獨力完成的，必須要有家長、老師、學校、甚至社會的配合。在十二年國教的推動下，國中端已開始積極進行適性輔導的工作，將生涯教育融入課程，並安排國中生到高中職進行性向或職業探索，每位學生也都有一本記錄三年的生涯輔導手冊。但徒法不足以自行，如果沒有家長及老師在旁引導，填寫生涯輔導手冊也只是徒具形式而已。雖然教育部已在全國大幅增聘專任輔導教師（約一千二百位）及專任專業輔導人員（約五百八十位），但效果仍待彰顯。學校還要增加技藝教師人力，才能開出職業體驗或技藝教育課程，也才能增加學生探索其性向、興趣的機會。學校亦可與民間團體合作辦理各類適性探索活動或研習，以協助學生了解其強勢智能及弱勢智能，增加學生體驗人生各面相的機會。

在適性探索的過程中，老師的協助很重要。現在大部分的中小學老師都是在學術的軌道上成長，對於技職體系的了解可能不夠，要能協助學生進行自我及職涯的探索，老師得先認識自己及各類職涯的狀況。在德國，小學老師從學生一、二年級起，就要開始觀察與評鑑學生的學習傾向，還要撰寫學習觀察報告。小學三年級的時候就要在評鑑報告中給等第，以做為之後分流的參考。

德國從孩子十歲時就開始分流，有其生理與心理依據，有一些孩子的學習傾向在十歲已很明顯。在台灣，則是在十二年國教實施後，才著力於加強國中生的適性輔導，這對於一些特質早已很明確的學生，可能是晚了點。適性探索應從小學階段就開始，如果後來發現志趣不合，還有調整的機會。

家長在適性探索的過程中扮演關鍵性的角色，前述探索的項目與過程都需要家長的協助或安排。父母從孩子出生就開始觀察孩子的各階段表現，對於孩子的了解是最全面的。父母可以準備一本孩子的成長紀錄簿，將孩子的各類智能表現依時間記載下來。經過長時間的認識，父母可以從孩子的人格特質來幫助孩子找到適合的方向。

院系選擇與人格特質的關聯

高中生都會面臨到選擇科系的問題，為了協助學生了解各院系特色，北一女中在家長會的協助下，於民國九十五年共同辦理了「與台大教授有約——學思歷程暨生涯探索系列座談會」，邀請到約五十位台大教授到北一女中與學生座談，介紹各院系現況與發展方向。當被問及如何選擇院系時，教授們一致認為，應優先考慮個人的性向與人格特質，如果所選擇的院系特色符合個人的志趣，則未來的發展將更為順利。而院系選擇與人格特質有何關聯呢？受邀學者亦作了若干說明，整理如下頁（p69）表格，家長或老師可依據此表協助孩子選擇院系。

到校分享的教授並表示，學生的人格特質也是大學選才的考慮因素之一。他們也希望能找到興趣、性向、能力與他們辦學方向相符的學生。當然，左表只能做參考，畢竟科系選擇要考慮的因素太多了，有時還要做落點分析，在填志願時才能比較精準。如果選擇的是熱門科系，競爭的人很多，路就會比較難走，就得更加努力了。

院系選擇與人格特質關聯參考表

院別	科系	數理能力	語文能力	人文關懷	興趣與個性
工、電機	機械、材料、化工、資工、電機、土木、工科	強	普通	不重要	喜歡機器、操作
理	物理、化學、數學、大氣、地質	強	普通	不重要	喜歡抽象思考、實驗
醫	醫學、牙醫、藥學、護理、物理治療	強	強	重要	喜歡與人交往、不能太愛乾淨
農	獸醫、農化、農藝、園藝、植病、生物環境工程、森林	普通	普通	不重要	喜歡土地與大自然
法	法律	普通	強	重要	冷靜，不執著、喜歡論辯
管理	國企、資管、工管、會計	強	強	重要	喜歡數字、有說服力
文	中文、外文、圖館、哲學、歷史、人類	普通	強	重要	易感、敏銳
公衛	公衛	普通	強	重要	具正義感
生命科學	生命科學、生化科技	強	普通	不重要	具實驗精神
社會科學	社會、經濟、政治	普通	強	重要	喜歡看報紙政論版與社會版
教育	教育	普通	強	重要	教育熱忱、具同理心

教育現場經驗分享

如何協助孩子探索性向

陳惠雯／中華民國輔導教師協會理事長

多元探索取代填鴨補習

星期六的上午，一般國中生通常不是繼續在家裡睡覺補眠，就是背起沉重的書包趕著去台北車站附近的補習街，等著聽補習班老師重複講述著英文、數學、理化等課本上的知識，打算透過不斷地聆聽、練習，精通熟練考題。

另外，有一群略顯稚氣的國中生懷著興奮的心情踏進社區附近的麗山高中，準備參加自己學校與鄰近高中共同舉辦的「臥虎藏龍科學探索營」活動。這是一個為期兩個月的科學性向探索課程，內容包含物理、化學、地球科學與數學四大基礎科學科目，參與的孩子可以充分、深入地探索自己對科學研究的性向、興趣，做為未來生涯選擇的考量。

曾經帶過科學探索營的麗山高中物理科金佳龍老師，介紹他們為國中生設計的「哆啦A夢的世界」，他說：「這是一個物理力學探究活動，讓孩子們透過實際動手，利用紙板製作紙蜻蜓、飛行紙杯、迴旋鏢，甚至雙翼竹蜻蜓等等有趣的飛行玩具，理解力學中非常重要的白努力定律。把沉悶的物理學原理定律與日常生活具體事例結合。孩子的學習不是個別式的、單向輸入式的，他們要動手實作、要上台分享、要合作學習、要分組競賽，學生從日常生活應用、動手操作中培養學習科學的熱情與興趣，才發現原來日常生活中處處隱藏著科學的奧秘，科學這麼實用有趣。」

十二年國教為學習無動力的孩子啟動適性發展的可能與機會，過去由單一智育考試成績所決定的升學方式，希望因為入學方式的改變，牽動學習方式的改變。除了校外的學習精彩熱鬧，各國中因為十二年國教適性揚才的推動，讓原本因為升學考試被壓制的社團活動、學生營隊、服務學習等等活動也活絡了起來。不可諱言，制度能帶動學習定義的改變。如果在考試取才的升學制度下，補習是弱勢家長無力負擔的學習方式，由體制內國中、高中職所提供的各式多元學習活動，就顯得平價而親民。但孩子能力的培養與提升不能流於走馬看花式的探索，如果孩子能夠跳脫制式的被動學習方式，積極地投入並完成一件學習任務，他們所學到的將不再只是書本上的知識，而是二十一世紀人才最需要的帶著走的能力。曾在蘋果、微軟、Google等科技資訊產業擔任要職的李開復先生，在「給中國學生的信」中提出了二十一世紀最需要的七種人，其中第一項就是「融會貫通」，而非「勤奮好學」死背硬記。

比去補習班接受單向式的填鴨式學習，二十一世紀的孩子需要成為一個積極學習者、一個主動思考、一個問題解決者。學習的概念被翻轉，孩子需從被動地接受知識，走向主動應用建構知識；學習的時間也將重新分配，從反覆背誦學科到實作運用；學習位置的安排也將不同，從排排坐、面向老師，到分組面向同學；學習的地點也將不再侷限於學校、教室中。跳脫過去學習的模式，是協助孩子性向探索的第一步。

允許孩子發展多元智能

在教育部的規劃下，每所學校都設有「生涯發展教育工作執行委員會」，由校長擔任召集人，校內行政人員、各學科領域召集教師擔任委員，負責規劃討論學校年度的生涯發展教育的教學主題、教學活動與執行方式。在國中階段，共有語文、數學、社會、自然與科技、藝術與人文、綜合活動、健康與體育等七大領域，孩子在各領域學科學習的表現，

二十世紀的人才與二十一世紀人才的差異

20世紀最需要的人才	21世紀最需要的人才
勤奮好學	融會貫通
專注於創新	創新與實踐相結合
專才	跨領域的綜合性人才
IQ	IQ + EQ + SQ
個人能力	溝通與合作能力
選擇熱門的工作	從事熱愛的工作
紀律、謹慎	積極、樂觀

（資料來源：李開復的博客）

即是能力專長很重要的觀察指標。

台北市大同高中是一所市區的完全中學，出了校門，學校對面就有影城、飯店、麥當勞等美式速食餐飲，附近辦公大樓林立，但穿入街巷內仍有各式傳統小吃店、美髮院、麵包坊和自家烘培咖啡館。大同高中輔導室主任周明蒨表示，除了學術性向的課程與活動，學校也提供了各式職涯探索活動、技藝教育班讓有興趣的孩子參加；孩子可以利用寒暑假、平時週六日半天、一天的時間以短期的方式，或學期中每週固定一個半天的時間以長期的方式，至鄰近的高職進行職業學習與試探，職科的內容非常多元，有電機電子、機械、設計、商業與管理、食品、餐旅、美容美髮、家政等等，孩子從實際的參與中，能更了解自己的興趣與能力。

「從親朋好友、學生家長中發掘各行各業職業達人。」周明蒨主任有些不好意思地說，「用盡各種關係，如在航空公司擔任空姐的同事妹妹、會計師家長、廚師、音樂演奏家等等，邀請職業達人來學校跟孩子們分享各行各業的工作內容、職場甘苦，這些都能開啟孩子對職業的認識與興趣。」

有些孩子更清楚自己的優勢不在學術，希望提早進入職場磨鍊與學習，針對這些孩子，社區的社工師有所謂的「社區師傅」方案，透過社工師媒合，協助孩子以每週半天的方式，進入鄰近的店家，如複合餐飲、機車行、美容美髮等產業，實際體會職場生活，學習技能。有時候，校園裡的資源也可以轉化，成為協助孩子發展多元能力的小幫手。周明蒨主任提到曾請學校的技工擔任「校園師傅」，讓一個在課堂不耐久坐的孩子跟著技工學習維修電器。允許孩子多方探索，認識自己優勢能力，是協助孩子性向探索的第二步。

豐富精彩的生涯反思課程

余宗晉老師是苗栗苑裡高中國中部綜合領域的輔導科教師，為了協助學生自我探索，促進學生的生涯覺察，他打破原本綜合領域的框架，他說，很多出版社編輯的綜合領域課本根本不適合苑裡的孩子使用，那些課本裡提到的捷運、博物館、美術館等建築或活動，離苑裡孩子的經驗太遠。於是他將苗栗苑裡的在地特性融入課程裡，成為教材，為國七至國九的學生設計了一套系統化的「自主增能課程」。他認為課程的設計需考量地區特性及個別化差異，深入思考當地學生的本質，因應孩子的家庭教養及社會文化背景等因素適性調整。

苑裡鎮是一個有三百年以上歷史的小鎮，古蹟、特色小吃、傳統文化是苑裡鎮重要的經濟產業。在余宗晉老師的課程裡，他讓孩子化身成「生涯探索小記者」，讓孩子們利用寒暑假期間去搜尋、閱讀當地重要產業發展的史料，或親自採訪苑裡鎮的古蹟、文化、產業。比如苑裡鎮在日治時代非常著名的藺草編織產業，是由洪鴦女士所創始，她用藺草編織草帽，讓小孩戴在頭上避免蚊蟲叮咬；後來成為當地非常重要的產業「大甲草帽」，還曾是台灣重要的外銷產品，盛極一時。學生們讀了她的故事後，把她的創業歷程畫成一幅一幅有趣的四格漫畫，進而更了解苑裡鎮經濟發展史。苑裡鎮上的小吃攤、服飾銷售店員、各式商店老闆、在地公司行號，則是孩子們進行職業訪談的最佳對象，如市場裡著名的王記魚丸、垂坤肉鬆，苑裡老街上的特色餐廳「聞香下馬」，紀念木雕藝術家陳炯輝所經營的人文藝術空間「心雕居」，苑裡漁港風景區的海產餐廳等等。孩子們透過實際參觀、訪談，了解苑裡鎮產業現況，經營方式、工作型態、收入待遇、經營者的能力與特質等等，除了了解工作世界的樣貌，對地方上的人事物也有更進一步的理解與情感。

學生在課堂上的各種探索與省思，集結起來就是學生的生涯檔案。余宗晉老師非常自豪這些帶了三年的孩子所留下的學習點滴。有一個孩子在學期末的回饋裡說：「它幫我保留這兩年的點點滴滴，我所做過的、寫過的、試過的，做成了這本生涯學習檔案，而裡面的學習單，所訓練的則是教我們如何學習、如何去應用、去觀察，就像是上台演講需要的是勇氣、口才的訓練，聲音是否宏亮、明瞭，還有禮貌的訓練，還需要觀眾掌聲回應，建立自己的自信，而也因這樣讓我愈來愈不怕上台。」

因為經常要去豐原參加中等學校教師研習會，余宗晉老師因此有緣親眼見證了東豐的舊鐵道因為創意的規劃，「綠色走廊」、「后豐鐵馬道」成為具極大商業價值的觀光休閒產業。他常以東豐綠色走廊的轉變為例，跟孩子們分享文化創意如何帶動地方的經濟發展。懷著鄉土情、拉高視野，余老師帶領苑裡的孩子不只認識自己，也認識自己成長的地方，省思自己在這塊土地發展的可能性，這些孩子未來可能在各行各業服務，也可能是苑裡鎮的夢想創業家，說不定其中還有人將來會當苑裡鎮鎮長。

發展具在地特色的生涯探索課程，是協助孩子性向探索的第三步。

等待花開的季節

基隆中山高中國中部輔導教師郭英傑老師，回憶起他的學生小禎（化名）。「她是個典型的學習無動力的孩子，即使學校有辦理技藝教育班，機會也不見得會落在她的身上，在藝術與人文領域，她的表現並不突出，學習、作業經常有一搭沒一搭，不是很積極，在技藝教育班有限的名額中，她沒被選上。唯一比較明顯可看得出來她喜歡跟人哈啦、聊天。」一次志願報名參與的高職美容美髮體驗活動中，高職老師發現了小禎在彩粧、指甲彩繪上的能力，她將她的觀察回饋給小禎，她發現小禎在色彩上的敏感度以及手指的穩定度上都很棒，若往美容美髮方面發展是非常具有優勢的。郭英傑老師認為，孩子性向的發掘，並不是一個神奇的過程，有時需要等待，學校提供豐富的探索活動，有一天時機到了，孩子的潛質就有機會浮上台面。

卡內基訓練大中華地區負責人黑幼龍一家人一起寫了一本《慢養》的書，他提出慢養的教養觀，「慢養不是放任，而是給孩子多一些空間，讓他們慢慢學習，找到最好的自己」。慢養是要父母認清，孩子的性格比起孩子的考試成績更重要，影響成功的關鍵要素中，孩子的自信、EQ比起IQ更重要。

慢慢養、培養自信、等待花開，是協助孩子性向探索的第四步。

升學制度與適性選擇空間

明星高中是否應該廢除？筆者認為應該鼓勵多元的明星高中存在，也就是不是只有一中、一女中這類的明星高中，而是有各式各樣的明星高中、明星技術型高中，讓孩子的多元能力得到充分的發揮。

各校自主選才的方式亦應鬆綁，除了紙筆測驗的方式，其他選才方式亦應加入，才有助於多元、適性課程的發展。但目前看來，積極協助孩子多元發展、適性探索與高中職選才的方式是互相矛盾的。不管是免試或特招，所參照的會考成績、特色招生考試都是採用紙筆測驗的形式，學術傾向的孩子為了爭取上名校，需參加兩次不同型態的紙筆考試，抵銷了十二年國教活化教學、多元評量的美意，多元評量在特色招生中並未納入。職業技能傾向的孩子，因為不少就學區將志願序計分方式由較符合適性輔導理念的「群科同分」改成「校科同分」，希望透過適性探索、輔導的過程引領孩子選填適性的志願，到頭來卻為了志願序積分，孩子被迫選校不選科，適性輔導等於做白工。

在台中市萬和國中，今年擔任國九綜合領域輔導科的湯鈞萍老師為了協助孩子適性選填，她將她的綜合領域課程幾乎都用來做學生的生涯輔導。「職科寶典」是每一班同學都要共同完成的，在生涯選擇前對於教育職業資訊的充分搜尋與了解，是孩子非常重要的功課。孩子除了認識高中、五專、高職的差別，高職的職業群科也要有充分的認識。讓孩子們從網路上搜尋中投區高職各科的內涵。從教育目標、科特色、必選修課、實習科目、技能檢定、未來生涯出路、典範人物介紹、個人心得感想等缺一不可。全班一起合力製作完成的「職科寶典」可以在班上讓同學們隨時參閱。湯鈞萍老師也提出了她的疑惑，「因為校科同分，孩子通常選擇填滿同一個職校的所有科。以台中高農為例，孩子為了不想浪費志願序積分，孩子選填的志願可能從同校機械群的生物產業機電科，橫跨到農業群畜產保健科、餐旅群觀光事業科、家政群幼兒保育科。但從生涯探索的能力、興趣、價值觀、人格特質等向度來看，這些群科對人才的需求（參見p81「各群科探索特質參考表」）各不相同。

「孩子過早要確認科別有點困難，比如孩子們會問我，美容美髮科和時尚造型科有何不同？」湯鈞萍老師說。或許讓高職成為以一、兩個職群為主的技術型高中，孩子選職群不選類科，如同現在大學的不分系的學院學士班，高一以職群共同科為主，高二、高三再逐漸分化，對於半大不小、生涯尚未完全定向的國中生來說，比較能達到適性揚才，充分探索的可能。

探索、選擇與自我發展

在國中端，孩子開始多元選修的機會是適性輔導成功的必要條件。沒有充分的適性課程提供給孩子選修、探索，適性輔導只是空談；而課程的活化如果沒有彈性的升學選才方式，適性課程亦無法落實。孩子必須從小開始練習選擇，從選擇的行動中去反思並累積對自我的認識。選擇的能力無法透過課程抽象的教導而學會，是在真實情境中習得。生涯選擇需要實際體會，職涯性向試探亦需深入而紮實，走馬看花、新奇炫麗的體驗活動都不是正道，較為長期的職涯活動值得鼓勵，應成為選修學分的一部分。

孩子有了多元課程選修的機會，也可以深入進行職涯探索，但探索後的個人反思，以及對自我的認識、性格特質、興趣、能力、價值觀的理解，需要透過不斷跟孩子釐清與討論。透過探索、選擇、回觀、反思中，更了解自己，做為迎向下一階段探索、選擇的基石。藉由一次又一次的探索、選擇循環中更發展自己，豐富自己獨特的學能。

目前國中綜合領域教師包含童軍、家政、輔導三個科目，有既定的課程綱要，教師專長亦各不相同。要落實生涯輔導，筆者認為有兩種可行方式：一是在此次十二年國教課程改革中，將綜合領域課程更明確整合成以生涯發展為導向的課程，另一種方式則是提升學生周遭生態系統（如家長、導師、學科教師）對生涯發展、生涯規劃的認識。

孩子是國家未來的希望，二十一世紀對台灣來說是一個危機的時代，也是轉機的時代，為了下一代，需要大人們同心齊力，共同面對挑戰。

附註：本文只代表十二年國教的某一個切面，感謝麗山高中金佳龍老師及中華民國輔導教師協會理監事提供相關實務現場報導，文責由筆者自負。中華民國輔導教師協會是一個跨層級（小學／國中／高中職）、跨地區的輔導教師自主專業社群，利用課後時間進行學校輔導專業討論，期待提升自己的輔導專業能力。因為跨層級、跨地區，讓我們得以不侷限在自己學校的現況，而有跨界的豐富視野。

各群科探索特質參考表

群科	性向、興趣，學習表現，生活經驗
機械群科	性向、興趣的特質 具有機械推理、空間關係、科學推理等性向者。 具有修理機械、工業生產、及操作機械事務等興趣者。 對圖形幾何、電腦繪圖有偏好傾向者。 對機械、電子、資訊與控制等工程科技之整合、應用在各產業有興趣者。 樂觀進取，具有從事機械加工、製造及設計領域發展的企圖心者。 學習表現的特質 在國中學習階段「自然與生活科技」課程中之自然界的作用、創造與文明、生活中的科技、科學與人文等；「數學」課程中之數與幾何、代數等較具有興趣或學習表現較優者。 生活經驗的特質 喜歡拆卸、組裝機械，如樂高玩具、手機、汽機車、機械等。 喜歡繪圖及設計，如機械構造、創新設計、人體工學設計等。 喜歡藝術品加工造形，如琉璃造形、金屬工藝。 喜歡機械與電機整合應用，如製作機器人、自動化應用等。
農業群科	性向、興趣的特質 具有數學推理、抽象推理、邏輯推理、觀察、創意等性向者。 具有愛好自然、戶外活動、動植物、科學、機械等興趣者。 對農業科技、農業經營、環境保護、自然資源永續利用等領域有企圖心。 學習表現的特質 在國中學習階段「自然與生活科技」課程中之自然界的組成與特性、生物的構造與功能、演化與延續、生活與環境等。「社會」課程中之環境系統、區域特色、生產分配與消費等。「藝術與人文」課程中之技法運用、作品表現、鑑賞能力、生活應用等。「綜合活動」課程中之生活經營、戶外生活、保護環境等較具有興趣或學習表現較優良者。 生活經驗的特質 喜歡觀察、種植花草蔬果，喜歡動手栽種收成。 喜歡觀察照顧動物，有飼養寵物、昆蟲的經驗。 喜歡親近自然，如參與環境綠美化、植物布置、花卉博覽會、農業博覽會、休閒農場觀光、開心農場等活動。

餐旅群科	性向、興趣的特質 具有語文推理、數學推理、空間、觀察、美感、創意等性向者。 具有個人服務、銷售製作物品等興趣者。 學習表現的特質 在國中學習階段「社會學習領域」課程中之人際互動、多元的社會群體、認識台灣各種生態環境的特色等。「語文學習領域」課程中以簡易的英語描述日常生活中相關的人、事、時、地、物等。「健康與體育學習領域」課程中之辨識食物的安全性，並選擇健康的營養餐點、了解食物的保存及處理方式會影響食物的營養價值、外觀及口味等，較具有興趣或學習表現較優良者。 生活經驗的特質 喜歡動手製作中餐烹飪、西餐烹飪、烘焙食品、飲料調製、點心製作等。 喜歡參觀美食展、旅遊展等。
家政群科	性向、興趣的特質 具有空間關係、創意、美感等性向者。 具有藝術、銷售、個人服務等興趣者。 具有友善、善體人意、能與他人合作的人格特質。 具有個人想法與特質，渴望將創意表現出來。 學習表現的特質 在國中學習階段「綜合活動」課程中之人際互動、社會關懷與服務、尊重生命等。「藝術與人文」課程中之平面、立體、綜合與科技媒材的創作體驗、表演藝術的創作元素等。「健康與體育」課程中之欣賞、表現與創新、表達、溝通與分享、尊重、關懷與團隊、合作規劃、組織與實踐等，較具有興趣或學習表現較優良者。 生活經驗的特質 喜歡流行時尚，如彩妝、美髮造型、服飾搭配。 喜歡繪圖及設計，如服裝、飾品設計及製作。 喜歡 DIY 物品，如手工藝品製作、彩繪物品、手織圍巾。 喜歡烹飪，如料理簡單食材、製作小點心等。

資料來源：教育部「高職十五學群介紹」102學年度「志願選填試探與輔導系統」全國共通性輔導策略常見問答集。

家長觀念和親子溝通

邱立基／臺北市立成功高中家長會前會長

我們的教育制度變得更開放、更多元了，但是我們距離教育改革的最終目的仍有很長的一段路要走，身為家長，我認為「家長觀念」與「親子溝通」是這段路中最關鍵的兩個議題。

先談家長觀念部分；過去三十年世界的發展遠遠超過三十年前我們所能想像，冷戰結束、中國崛起、資訊化、全球化讓台灣的經濟樣貌有了很大的改變，而且這個變革仍在加速進行中，我們很難預測三十年後的世界會變成什麼樣子。美國前教育部長萊禮於多年前曾說：「二〇一〇年最熱門的職業，現在還沒有出現。」就是一個最好的佐證。大部分的家長關心自己子女未來的發展，主要是基於過去的經驗或自身的期待，而非子女的性向、興趣與能力，一味希望他們能進到所謂理想的學校與系所，這也就是為什麼儘管目前大學每年的錄取名額已高於高中應屆畢業生的人數，以及十二年國教後所有的國中生都可以繼續升學的情況下，仍有一大部分家長及同學面臨極大壓力的根本原因。

其次談親子溝通議題；大家都曉得國高中時期是子女的叛逆期，親子間存在不少觀念上的鴻溝，子女在面臨升學、選校、選系的抉擇時，很難與父母做較深入的探討，並獲得其精神與實質的鼓勵與支持。不少家庭甚至因為親子溝通不良，造成親子關係疏離或對立，這對父母而言，是最大的打擊與遺憾。

中華適性教育發展協會是由國內關心適性教育發展的學者、專家、教師及家長所共同發起與創辦的。希望能整合相關資源規劃及設計一個親子可以共同參加、一起學習及共同成長的活動。民國一〇二年六月二十九、三十日兩天，中華適性教育發展協會辦理了第一期的適性探索親子營，活動後意見回饋表的統計顯示，對「本次的活動內容能符合我的期望」，100%的家長表示「非常同意」及「同意」，也有74%同學持相同看法。之後，於民國一〇三年二月八、九日兩天辦理適性探索親子營第二期，並於同年四月十二、十三日兩天辦理適性探索營高中營隊，都獲得很大的認同。

適性探索親子營活動

適性探索親子營在規劃時，即設定以下兩個活動目的：一、協助同學探索自我天賦與興趣，找到未來學習方向及可能的職業傾向。二、透過親子共同進行適性探索，縮小親子間的觀念落差，並促成良性溝通與相互支持。

在活動設計上則有以下特色：親子能共同參與及經歷此一活動，留下共同的體驗。透過專題演講及影片欣賞，讓家長於最短的時間認識適性教育的觀念與做法。經由多元智能測評與解說，讓親子認識同學的優勢與強項。透過「夢想拼貼」讓親子看見彼此心中的夢想，以及夢想背後的深層渴望。透過「職業傾向探索計畫」讓同學帶著渴望去探索職業志向，踏出築夢踏實的第一步。透過「行動學習」讓家長之間彼此互相協助，以找到心中問題的答案。透過「親子溝通」的活動拉近親子之間的距離。

在活動中，我們融合了夢想拼貼、多元智能、欣賞式探詢（Appreciative Inquiry）、職業傾向探索、行動學習（Action Learning）及親子溝通的相關理論及實務，透過活動的引導，帶領同學從內而外，認識自我、發現夢想、探索夢想實現的可能性；同時也讓家長更清楚了解同學的優勢、興趣與夢想，並從旁鼓勵與支持。以下針對夢想拼貼與親子溝通的理論背景與活動內容做較深入的介紹：

夢想拼貼（內容由徐繹喆引導師提供）

關於夢想，父母該怎麼看？小王子的作者曾說：「如果你希望人們建造出一艘非凡好船，你不需要告訴他們，船該如何設計。相對的，你需要告訴他們的是，在遠方的那片海上，有多少精彩的故事、美妙的旅程，在等著他們去探索。」夢想就是如此可貴的內在資源；深層、且有力量。當夢想的畫面栩栩如生時，夢想就會像太陽一樣，調動出個人身上所有的正向資源，包括多元智能、天賦、意志、技術、經驗、信念、熱情等，朝夢想的方向邁進。

人為什麼會有夢想？如果從心理學家薩提爾（Satir）的「期待與渴望」來看，夢想是一種期待，有多少人就有多少個被期待的夢想。然而即使每一個夢想都大不同，其背後在追求的卻都是人類最可貴且共通的渴望，這包含愛、自由、意義、連結、價值等。薩提爾說：「期待，是滿足渴望的具體方式。」在這之中或許最可貴的地方就是：夢想，是每個人在透過不斷的內在與外在世界探索與反思後，對於追求讓自己能擁有更多的內在渴望（也就是與這世界共創更多的愛、自由、連結、意義、價值等），所能創造出在那當下覺得最理想、具體的實現方式。這是夢想在告訴我們的事，是人最可貴的一種本能，也是讓世界能變得更好的主要途徑。

參加人員	活動名稱	主要目的
親子一起參加	適性教育影片欣賞	讓親子於最短的時間內認識適性教育的觀念與做法
	親子溝通	拉近親子之間的距離
	夢想拼貼	親子能共同參與及經歷此一活動，留下共同的體驗：有夢最美
家長參加	專題演講	讓家長於最短的時間學習適性教育的觀念與做法
	行動學習	讓家長之間彼此互相協助以找到心中問題的答案
同學參加	多元智能測評	讓孩子認識同學的優勢與強項
	夢想探索	探索夢想及未來可能的學習與職涯方向

適性探索親子營規劃有親子一起參加的部分，也有家長及同學分開參加的活動。

夢想一直都在，就看我們如何看待這可貴的內在資源。莫忘初心，在學校，我們花了十幾、二十年的時間在培養孩子的天賦、智能、常識、人際、技術、專業知識、對世界的了解等，其目的就是要讓孩子有足夠的能力之後，能追求夢想與渴望的人生。這是初心，也是親子之間，甚至是生命與生命之間，最珍貴的一項禮物。

親子溝通（內容由吳毓瑩教授提供）

親子溝通的活動從人生的任務開始說起，根據個體心理學（Individual Psychology）的理論，人生在世，有三個任務要完成：一是工作與職業，二是合作與夥伴，三是伴侶與家庭。這三個任務的實踐，起源於我們人類存活於世的三個重要的聯繫：一是與地球的聯繫——為了在地球上生存得好，我們發展出自己的能力，以及工作並形成自己的生涯之路。二是與夥伴產生聯繫——身為世上萬萬物種之一，我們結合社群通力合作克服自我的脆弱與限制，以促進生活的美好。三是與伴侶產生聯繫——與相愛之人結為家庭，生養後代傳承文化。

在這個大架構下，兩天的營隊活動中，我們第一天從孩子的夢想與職業探索起始，於第二天活動中回到家庭的意義，鼓勵父母看到孩子的夢與渴望。父母回想孩子小時候學說話、學走路的過程，每一個時刻孩子從已經會的能力邁向新的學習，而說的每一個字句，邁開來的每一個腳步，都在父母的支持、讚美、與鼓勵之中誕生。孩子一點

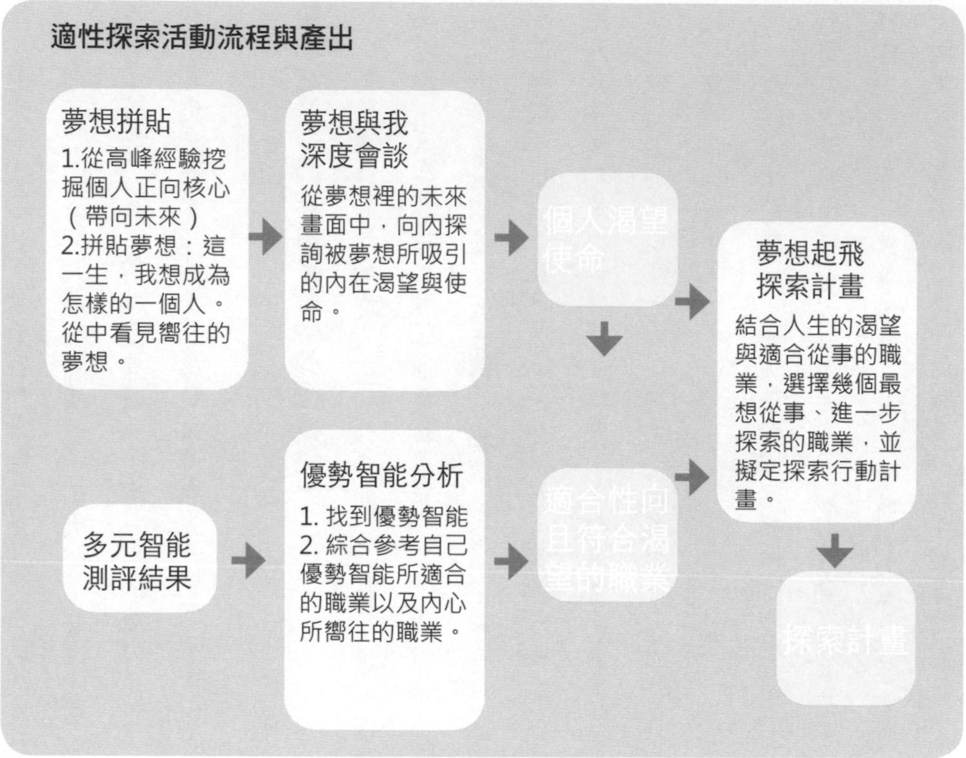
適性探索活動流程與產出
夢想拼貼
1.從高峰經驗挖掘個人正向核心（帶向未來）
2.拼貼夢想：這一生，我想成為怎樣的一個人。從中看見嚮往的夢想。
夢想與我深度會談
從夢想裡的未來畫面中，向內探詢被夢想所吸引的內在渴望與使命。
個人渴望使命
夢想起飛探索計畫
結合人生的渴望與適合從事的職業，選擇幾個最想從事、進一步探索的職業，並擬定探索行動計畫。
多元智能測評結果
優勢智能分析
1. 找到優勢智能
2. 綜合參考自己優勢智能所適合的職業以及內心所嚮往的職業。
適合性向且符合渴望的職業
探索計畫

一滴，從坐、到爬、到走，慢慢學習到現在可以負責任、判斷是非、並擁有自己的夢想。我們安排了六個活動讓孩子可以重新選擇不一樣的父母，新父母看到孩子的夢想，相互了解之後，孩子返家與原生父母重聚，並請新父母告訴原生父母，他們看到了孩子什麼優勢。最後活動結束在孩子從父母處得到能力的肯定與信賴，親子共同體會彼此之間更緊密的感情與更貼近的關係。

合作與推廣模式

在辦理第一期、第二期及高中營隊的過程中，我們逐步建立一個如下頁（p90）圖表所示的合作模式，可以在較短時間內快速籌辦類似活動。

在推廣的做法上，有以下三種模式：一、分區推廣：以相鄰縣市為單位，從北基宜區推廣到其他地區，如桃竹苗區、中彰投區、雲嘉南區、高屏區、花東區。二、多校合辦：由二~四校合辦方式推動，共同承擔招生與經費籌措相關工作。三、專班辦理：可以由一校或單一團體辦理，活動內容可針對該校或團體特色，進行小幅調整；比如育幼院、原住民、新住民都是可規劃的專班對象。

國內教育制度正在進行相關改革，同學是否能從中獲得最大的發展空間，除了學校、教師方面的努力外，家長觀念能否與時俱進，以及親子之間能否順暢溝通，是兩個關鍵因素；中華適性教育發展協會基於成立宗旨、主張及任務，將持續辦理及推廣適性探索相關活動，希望能對這兩方面的進展有所助益。

親子營夢想拼貼活動照片

適性探索親子營合影

適性探索親子營的合作模式參考表

單位別	主要職責	備註
中華適性教育發展協會	提供活動設計	兩天活動
	安排所有師資	師資包括：專題演講主講人、引導師、行動學習教練、多元智能測評結果講解人、親子溝通講師
	安排小隊輔及引導員	小隊輔負責帶領同學的小組；引導員負責帶領家長的小組。
承辦學校（或團體）	提供場地	禮堂式場地一個（可容納130位，含簡報及影片播放設備，另需有司儀台一個）、平面場地一個（可放14張八人座的桌子，含簡報及影片播放設備）。第一天上午需要電腦教室1~2間（每間可容納50人同時上網參與線上智能測評）。第二天上午需要一般教室七間。
	提供總務相關支援	場地指示牌、場地佈置與復原、訂餐與茶點協助、垃圾、廚餘、廁所協助清理等。
	經費補助申請或贊助	向所屬教育主管單位申請經費補助；經費不足部分由家長會或協會贊助或募款。
所有學校（含承辦學校或團體）	參與前期規劃與協調	指派一位代表參與前期規劃並負責相關事宜的協調與聯絡。
	宣傳與招生	家長會及校內公告。
	現場支援	指派一位志工全程參與兩天的活動，協助接待與現場支援工作。

資料來源：中華適性教育發展協會

問對問題找對答案：行動學習介紹

賀忠民／中華適性教育發展協會理事

英國學者瑞文斯博士（Reg Revans），被人尊稱行動學習之父，畢業於劍橋大學，是位物理學家。早年曾跟隨愛因斯坦從事科學研究工作，之後致力於教育事業，期間他開始了「行動學習法」的理論研究和課程系統的創立。同時行動學習也開始在一些組織嘗試和發展，大多數參與過行動學習的管理者，都認同行動學習是實現組織效率強又有力的方法，因為使用行動學習幫助管理者在行動過程中，不僅解決問題，同時也讓他們學習更多關於提升管理的方法和技巧。

美國喬治華盛頓大學人力資源發展中心麥克．馬奎德（Dr. Michael Marquardt）教授整合了歐洲和美國的行動學習系統，發展及架構六個元素與兩個指導原則的行動學習會議[1]。簡單的說，行動學習是一個流程由四到八人組成的「小組」，處理一個緊急且重要的「問題」，在「教練」的幫助下，經由「提問」的方式，找到真正的問題，採取「行動」，並得到「學習」。

在進行行動學習流程必須包括以下六個元素：

1. 問題：行動學習的起點是問題，可能來自個人或組織的專案、挑戰、機會、議題或任務。這個問題必須重要且急迫，也是這個團隊或個人有權力解決的。

2. 小組：行動學習的核心實體是小組，最好是由四到八人組成的團隊，以合作的方式共同重新定義，並解決個人或組織面臨的問題。

3. 提問及反思：行動學習與其他問題解決方法最大的不同，是注重在正確的時機用正確的提問，對行動學習而言，提問幫助小組成員理解、釐清、探索如何解決問題；同時發展了自己的提問能力。

4. 行動：為達到有意義或有實用價值的學習，行動學習小組中必須有一位或多位，針對問題有能力的實際採取行動，如同亞里斯多德（Aristolte）所講的「做中學」，因為儘管自認為你知道，但要試過後你才能確定，是注重行動與思考並進的學習方式。

5. 學習：行動學習的力量在於可以解決關鍵及複雜的問題外，同時也可以增加個人及組織的知識，每一位小組成員或整體小組得到的是，更重要的、長期的、多樣的學習收穫。

6. 教練：為讓小組除了解決問題，也能專注於重要的學習，行動學習教練幫助團隊成員反思兩件事：一是成員學習到什麼，二是成員如何解決問題。透過一連串的詢問，教練引導小組成員思考：如何傾聽、如何重新定義問題、如何回饋其他人、如何計畫及執行與行動。

為了確保行動學習有效進行，小組成員必須全程遵守兩個基本原則：一、只有在回應提問時才能發表意見。提問可以幫助小組成員形成重要轉變，也就是從發表意見轉為提問。二、行動學習教練有權介入。行動學習教練不會涉入解決問題，而是尋找機會幫助小組成員提高解決問題和發展創新的行動策略能力。

自一九四〇瑞文斯博士在威爾斯和英格蘭的煤礦場，首次引進行動學習以來，在過去幾十年中，它已經席捲全球，行動學習能夠這麼有用，馬奎德教授認為，是因為它結合了管理科學、教育學、政治學、經濟學、社會學和系統動力學的理論，並從中吸取許多理論的最佳範例和原則。

中華適性教育發展協會在辦理的「適性教師輔導營」及「適性探索親子營」活動中，納入行動學習的課程，協助參加活動的老師及家長處理在日常生活中，面臨到的困難教育或親子問題。經過行動學習方式的操作，運用問對問題、找對答案的方式，幫助老師及家長解決了許多實際遇到的困難。

註1：《問題應該這樣解決！正確提問x系統思考，行動學習教你找出對的答案》（Optimizing the Power of Action Learning: Solving Problems and Building Leaders in Real Time）作者：麥克．馬奎德（Michael J. Marquardt）出版社：臉譜

選擇，然後學習負責

林謨佩／統一證券協理

第一個分岔路，人生的急轉彎

我的大女兒瑋涵在國三時，很努力地考上了松山高中，為公立高中的前段班。一直以來我都認為我的二女兒瑋珉也會走上同樣的道路，不僅是因為姊姊的腳步，更是因為瑋珉上國中以來的成績都相當的亮眼，所以當她跟我說第一志願是大安高工資訊科時，我一時無法接受。

「不為什麼，就是想要。」這是當我問她為什麼的時候，她給我的回答。我的心中其實非常不認同，但是我仍然支持她的決定，因為從小她的個性就十分地倔強，一旦做了決定誰都沒辦法改變。而且我覺得讓孩子自己選擇，以培養其負責的態度，是他們一輩子最重要的資產之一。

瑋珉國三那年剛好遇上台北市實施北星計畫免試入學，對她而言，以校排絕對是個能讓她進入大安高工資訊科的方式，然而她卻拒絕了。她說不想占其他同學的名額，而選擇了考基測。當時我很高興也感到相當的驕傲，因為她已經成為一個會為他人著想的女孩；再加上當時以她平時模擬考的成績，要進入她的第一志願是沒問題的。但第一次基測時，她的成績不盡理想，申請後並沒有如願進入大安高工。我和學校老師都勸她考第二次基測，但她只是說：「沒關係，沒上大安，就去松農吧。」結果她就成了松山工農資訊科的學生。

命中註定的成長，松農之旅上半場

瑋珉將高職三年的大半時間及心思都集中於旗隊上，但她沒有因此荒廢了課業，同時也讓我看見了她的成長。一年級時，她將假日、寒暑假都獻給了旗隊，每天晚上都練習到八、九點才回到家。到了二年級，她接下了隊長的職務，不但出錢出力、還將所有閒暇時間都用在旗隊上，有時學校作業、報告一多，常常是通宵達旦趕作業；多次令我和她母親感到不捨，但是她從來不喊累。在旗隊的日子中，最令我印象深刻的是，二年級時的九校聯發（包含北一、建中、中山、景美、台中女中、港工、松商、松農、板中），那時松農被分配到的工作是負責製作聯發的T恤。她問我哪裡可以找到便宜又好的服裝，我就帶她到住家附近的大理街；那裡有許多製作衣服的商家。我看著她一家店、一家店的詢問、比價，儼然像一位歷經商場的成衣批發商，眼前的她與過去連去便利商店都要請人幫忙的她重疊在一塊，突然之間我看見了她的成長，她已經不再是那個只會縮在自己設下小圈圈中的女孩了。

九校聯發那天，我們才真正明白她的時間和努力是花在哪裡，那真是一場專業級的演出，看著臺上的表演，就好似看見了她那些晚歸、一躺就睡的日子，那時不了解的辛苦，在那一刻都化成了感動。除了表演本身，整個活動的籌辦也是經歷了無數次的開會、工作分配、進度掌握，那些許多並非能輕易達成的過程，站在臺上的孩子們學習到了課本寫不出來、別人無法傳授的寶貴經驗，更在長達一年的合作中認識了許多的夥伴，拓展了自己的人脈與人際關係。

那時我認為老天爺冥冥之中早已安排好這場緊張刺激的松農之旅，然而令我跌破眼鏡的事，是在她升上高三時才真正開始。

第二個分岔路，這不是急轉彎可以形容的

如同在國中時，瑋珉在松農的成績保持得不錯，若照著一般的路走，考上台科大與北科大的機會相當大，但她再次做了一個令眾人都傻眼的決定，她說她要考學測。我很認真地跟她分析當時的狀況，高職與高中學的完全不一樣，只剩下三個月的她，怎麼跟苦讀了三年的高中生比。但她還是堅持要考考看，她說她也會報名統測，若學測真的不理想，還有一條後路可退。我的選擇和三年前一樣，尊重她的決定。

身在職校的瑋珉，還是得做好學生的本分，要跟上班級的課程進度，所以當高中生們在全力衝刺時，她只能利用閒暇之餘準備學測。成績出來那天，松農的老師們便傳出「今年學測最高分不在綜高而在資訊科」的傳言，瑋珉考出了五十八級分的成績。本以

為辛苦已結束時，卻發現真正的累事才剛要開始。所幸藉由松農輔導室與中華適性教育發展協會眾人的幫助，瑋珉好不容易才將備審資料完成，參加了大學申請入學；當時我還陪著她去東華大學面試。最後，她選擇了東華大學中國語文學系。

東華大學的吳茂坤校長在新生報到那天，與許多學生的家長有一場座談會，他所提出的治校理念，我相當的認同，當大多數家長關心學校如何協助同學規劃未來的出路時，東華重視的是培養學生負責的態度及自然人文素養的養成，東華更提供完全開放的跨學院選修課程，讓學生在大學四年能夠好好地探索自己真正的興趣。大學生活少不了社團，東華大學也有非常多樣的社團，而我給瑋珉的建議是，能結合當地風情並貢獻一己之力的地方，聽了我的建議後，她選擇了許多想嘗試的社團。

我到現在仍然不知道中文系是否真為瑋珉的興趣所在，但一路上的嘗試與成長，我知道瑋珉已培養出負責的態度，以後無論從事什麼樣的工作都能走出自己的一片天。

從孩子身上我領悟到的

從瑋珉國中一路走來，她花了很長一段時間在探索自己的興趣與天賦，雖然在這樣的路途上她學到了很多，但若能在更早的時候就找出自己的天賦，便能盡早踏上讓天賦自由之路。我經常想像一個美好的教育制度，從小孩出生到小學畢業，家長與師長能儘量讓小孩在玩樂中探索自己的興趣與天賦。上國中之後能夠配合十二年國教，減少學生們的升學壓力，讓他們藉由科學化的測評及各種適性探索營隊，慢慢地開始探索自己想要的未來，如此一來，學生們便能在升高中時決定要選擇往哪一條路前進，專注於自己想學的。在高中時期打下理論基礎，升上大學後，企業能以學校或科系特色提供產學合作的機會，增加學生們的實務經驗。畢業後也能選擇喜歡的企業直接就業，如此大學畢業生不再是22K而是33K起跳，而企業也能獲得真正需要的人才，以提升企業競爭力。產業不再怕人才外流，因為每個大學畢業生都是人才。人才外流反而賺進外匯，進而提升國家整體競爭力。

我曾參與中華適性教育發展協會舉辦的第一次適性探索親子營，營隊一開始就讓孩子們測量多元智能的傾向，讓家長及孩子本身知道自己的潛力偏向，再藉由專業引導師所帶領同學們做的夢想拼貼，一層層地剝開包覆天賦的外皮，了解到孩子們心中最深層的興趣與渴望。並藉由輔導室老師的諮詢，協助找出未來可讀的科系及就業方向。最後活動安排了親子溝通，讓親子之間達到真正的溝通與傾聽，因為父母經常在不知不覺中為孩子設定了方向，透過最後的親子溝通活動，父母對孩子的興趣與渴望能夠真正地了解，並藉由相互的愛，更可以孩子們能接受的方式在彼此間聯繫溝通。因為孩子與父母之間能夠無礙的溝通交流，才是造就孩子未來發展的重要關鍵。

身為工作人員，我深深地為參與的學員感到高興與羨慕，因為他們親子之間能夠無礙的共同探索，並及早發現孩子的興趣與天賦，是多麼難能可貴的事。要是瑋珉當年有機會參與這樣的營隊，或許可以更早發現她的興趣與天賦；但塞翁失馬焉知非福，至少瑋珉已培養出負責的態度，也學會無私奉獻、服務人群的精神，或許這就是她最大的天賦。

二、適性課程

在了解學生的特質後，學校要能提供適當的課程，才能讓學生適性發展。依照現行的九九課綱，高中學生必修、選修學分數分別為一百三十八、六十，平均每學期要修三十三個學分，加上班會、週會、社團活動等，每周四十個小時的課排得滿滿的。雖然有選修空間，但所謂選修課程是由老師來選，學生在選擇第一、第二或第三類組後，就幾乎沒有其他選課的機會，這樣是不符合適性原則的。

怎樣才是符合適性發展的課程？

在十二年國教實施後，新課綱應要減少必選必修科目，增加選修的空間，且發展各類智能的課程都應納入。過去的類組課程可以說是以「大套餐」的方式安排，未來可以採「小套餐」或「自助餐」的方式，依學生的狀況與需要規劃課程。現在是以班為單位排課表，未來如果每一個學生都有自己的專屬課表，依照自己的課表跑班上適性的課，學習的效果應會大幅提高。

今年九月高中高職新生入學後，由於升學制度的調整，可能每一所高中高職的學生素質差異會變大，過去可以說是以「能力分校」的方式來設計教學內容，未來則大部分高中都要面對如何讓學生有效學習的議題。為解決這個問題，最近已有一些高中開出數十門課，讓學生有二到四個小時的選修機會。例如，成功高中在一〇二學年度開設了特色課程，包括四大學程：研究方法、科學探究、溝通與傳播、服務與領導。各學程課程再分為基礎性、拓展性、研究性等三類。其中基礎性課程為跨班選修，四大學程共開設了三十二門課。拓展性課程則以活動、系列講座、營隊等方式，提供多元實踐機會，幫助學生適性發展。而研究性課程則以激發學生潛能，培育研究人才為目標，「畢業論文／專題研究」為必選修。

其他高中也有類似的規劃，但都僅能安排數小時的跑班選修，距離全面實施適性選課仍有很長的一段路要走。針對這個問題，台大政法中心的一項研究案曾進行了探討，並提出了適性選課制的規畫：對於必修課程，如數學、英文等，建議採「學科能力分組」的方式，同一門課開授不同難度的三到六個學習組，可採不同教材；由學生自行選擇程度適合的組修課，並有換組的機會；各組評量的內容可依組別調整，要讓學生的學習有成就感；各學習組應有清楚開課說明與選課條件，選擇組別可於成績單上註明，做為未來大學選才的參考。為將資源用於最需要的學生身上，教師授課採合理平衡機制，避免固定化與標籤化。

對於選修課程，研究報告則建議採適性選修的方式，學校依學生需求及學校條件，在同一時間開出為班級數1.5倍的選修課程；各門課內容不同，學生則依據其性向、能力及興趣選擇適合的科目選修。各選修課應採多元評量方式，如筆試、報告、表演、實作、創作等，以訓練學生各種不同的能力。

落實適性選課制，需要哪些配套措施

要落實適性選課制，需要很多的配套措施。依照台大政法中心研究團隊的規劃，要在高中推動適性選課制，相關的配套措施包括：

↓編班不要分第一類組、第二類組或第三類組，應依學生的性向、興趣或能力進行適性編班，或以編學習家族的方式讓學生有歸屬感。

↓適性選修可跨年級選課；學科能力分組修課除了依能力分組，亦可採教材分級與跨年級選課。

↓要有足夠的上課教室或學習場所。

↓要建置課程地圖，並有完備的選課及學習諮詢系統。

↓要依適性選課需求，增加經費與教師員額編制。

↓教師開課時數及修課學生數要有彈性。

↓要配合適性選課制度，調整大學入學制度。

↓要開放專業人才到校授課，以彌補師資的不足。

↓為增進學生的學習效果及生活適應，可採雙導師制。有一位班級或家族導師協助生活適應，另外安排一位個人導師指導學習。

↓適性選課制的實施要得到教師及家長的認同與支持。

要落實適性教育，就要讓學生學到想學的東西。據了解，中國人大附中一學期開出的選修課有一百多門，提供了學生多樣的選擇機會。台灣教育當局應及早規劃，進行系統性的分析與設計，促成適性選課制度的早日實現。

一般而言，智能相近的學生一起學習，施教效果最為明顯，不但教材與進度較易掌握，亦可發揮同儕學習互相砥礪的功效。現在國中採常態編班方式學習，但根據一〇二年十一月〈天下雜誌〉所公布的調查，有超過三成的國中生聽不懂老師上課內容，認為上學等於浪費時間。未來在十二年國教實施之後，如果各高中職學生的性向或能力差異過大，但仍採吃大鍋飯的方式進行教學活動，而未適當調整課程與教學方式，則現在國中的問題將帶到高中職，不但無法提升教育品質，個人的發展及國家的競爭力也將受到影響。要解決這個問題，依學生的興趣、性向及多元智能來進行適性編班或許是一可行的做法。

把教室的門打開

簡菲莉／臺北市立中正高中校長

我想先說個故事：

二〇一三年十一月一日上午十點，中正高中高二共二十三個班近八百位同學，加上四個高三班一百六十位同學，正往活動中心二樓室內籃球場前進中，大約比平常集合的時間縮短一半以上，孩子們很迅速地找到各自班級的位置，席地而坐。同時，這些班級的國文老師及部分班級的導師也都在現場忙碌了起來。舞臺前，負責接待的馨之老師正在請演講者把桌上兩大疊厚厚的新書簽上大名，這是開講後要贈送給提問與回答的孩子們的獎品。不一會兒，美珍老師拿出一片厚實的陶土片版，並請講座在濕軟的陶土上，用力壓出自己深深的右手印。我看得入神，馨之老師輕聲地說：「校長，未來每一位現代文學逍遙遊課程所邀請來的講座，我們都會留下他們的陶手印，將來閱讀活化空間成立了，這些就會成為文學星光大道的標記。」

此時，同學們集合得差不多了，但有愈來愈多的孩子也拿著自己的書踅到舞臺側邊，想在演講開始前得到作者簽名。對高中生有這麼大魅力的現代文學作家，就是我們今天的講座褚士瑩先生。

接下來的兩個小時，我發現孩子們聽講的態度迥異於過去的表現，他們專注、有反應、能應對得體，更重要的是，即使時間緊迫，當講者徵求只能給三位同學問題的機會，仍然有二十多位同學舉手，而幸運被挑中的同學，提出的問題具備深度與觀點，甚至挑戰講者的意見。讓我不禁想知道：這群國文老師們在今天的活動前，給這些孩子們施了什麼魔法呢？當我把活動照片放在校長的臉書上時，沒有太多的文字敘述，只是充滿分享的喜悅及好奇，感謝國文科教師團隊青松老師為我解開謎惑。

青松老師的留言：「很感謝馨之老師從暑假就帶我們（高二及部分高三的國文教師團隊十二人）交換閱讀完褚先生的重要著作，並且合作將各書製作問題討論單。由於褚先生一年超過三百天在世界各地，所以一回台灣發表新書，馨之老師帶美珍、美娟兩位老師立赴會場親自邀請，才有今天的美好盛宴。更感謝國文科團隊分工合作，有接待組、場地布置組、秩序評分組、最佳發問評分組、傳遞麥克風組等通力合作，希望營造優質的環境氛圍，以尊重演講者與關照聆聽者。活動中心的空調很給力，設備組王先生錄影更是從演講一開始站到最後，以期能分享給不能來現場的聽眾。還有教官引導學生迅速就定位，所以能準時開場。同學由於不少班級的老師已先行介紹過褚先生的著作，甚至有閱讀過相關著作（馨之老師自掏腰包買了四十幾本褚先生的書，並無私分享給需要班級共同閱讀），所以今天同學們的聆聽素養令人感動，提問也多見深度，大扣則大鳴，每個問題更激發褚先生的談興，引出更多發人深省的問題。這兩個小時，給我們很大的思想衝擊，原來人生可以這樣過，世界是如此多元寬廣，同學們的視野與胸懷應該大器不少。大家好幸福，可以親炙褚先生的魅力風采。」

用故事開頭談學校教育的興革，比較大的企圖心是以終為始，用未來圖像的想像與敘寫，回頭思考我們需要什麼樣的變革大原則。這一篇文章想要討論的是，我們該如何期待可能在一〇七學年度開始實施的高中新課綱。

從十二年國教宣示推動至今，在諸多批評與建言中，新的高中課程綱被寄予厚望，新課綱應該要：減少每周課表修習學科數目、降低必修學分、增加選修學分、培養真實能力、提供適性發展特色課程、強調多元評量、帶動大學考試與招生的相對應變革等等。這些大系統理念性與原則性的共識度很高，但在進入技術層面的設計與資源層面的分配時，原先具備共識的想法會逐漸滲入不安的猶豫而質變妥協。

這種不安的猶豫來自教育人的專業慣性，深信教育現場經不起破壞式的創新，於是討論的思維模式，又會擺盪到持續性的創新與提高效率的創新這兩個面向。我們也必須承認，妥協後具備穩健性的微調式新課綱創新模式，從來也沒有真正排除我們心中那份隱隱然不安的猶豫，因為我們對於教育的可能性一直抱著理想，然而面對外在環境與科技的劇烈變化，我們的腳步卻協調不出共同的方向，例如成就每個孩子的全人教育，是每一所學校的願景，但是單一軌道的競爭與排序，幾乎是目前升學制度與學校經營的隱性規則。舉一個最怵目驚心的例子，從民國九十年開始至一〇二年為止的國中基測，在這十三年當中，升上高中高職等後期中等學校的孩子，每一個人心中都有一個國中基測的分數及PR值，這其中有多少孩子，會一輩子記著這個數字，以為這就是他人生的排序。而後中階段的學校需要花多少教育資源，來幫助孩子們忘記基測分數，發現多元軌道、重建自信或自謙。

文章一開始的故事，讓我們看到教育改革的希望，繫於學校與教師團隊的共享願景與合作。當大部分的老師把教室的門打開了，把更多學習的主導權交給孩子們，而教師們係以團隊實踐協作之力、課程設計串連之姿、學習促進策動之智，分別在教材、教室、教法的慣性操作面進行破壞式的創新，我們所期待的培育學生真實能力、態度與素養，才能躍然出現。但下一個問題是，我們該規劃設計出什麼樣的高中新課綱與大學考試招生制度，讓學校經營與教師教學有更多的機會與勇氣，進行全人教育的實踐。借用哈佛商學院Clayton Christensen教授的「破壞式創新（disruptive innovation）」的部分概念，來對照目前高中學校現場面臨的變革因應，或許可以更系統性的思考與期待教育與革的下一步。

下頁（p109）圖的X軸代表時間，Y軸代表學生學習的成效，在X軸與Y軸構成的平面上，看到三條微幅向上的黑色箭頭，代表學校的教學成果，隨著時間的累積，讓學生逐漸成長。在此平面上的兩個紅色的箭頭則是代表透過更多改變與創新，使學生學習成效有較大幅度的進步，例如補救教學、差異化教學、個別化教學等等，因為施展得

破壞式創新的課程發展概念

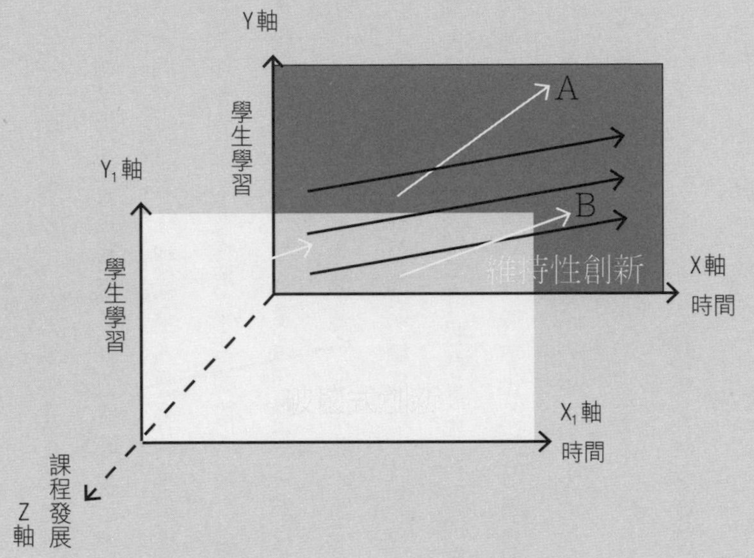

力，改變了原來的學習成效，這屬於維持性創新的概念。透過維持性創新的作為或策略，成長與進步仍然維持在XY構成的單一平面上。

如果把原來二維面向改為三維的立體空間，另外拉出一條課程發展的Z軸，Z軸的一端代表較重視學術能力，另一端則是強調多元表現的能力，學校如果有能力與意願，實踐破壞式的創新，讓學校課程發展的面向在Z軸多處座標展開，例如開展新的X_1Y_1面向，或橫跨不同面向的三維方向的學習成效，就能開創多元指標的學習成效，更有機會透過課程發展的本位設計與自主管理，達成學校願景與教育的目標，逐步實現適性揚才。

Christensen將破壞性的創新分為兩種：一是低端的破壞性創新，通常是指事業模式與產品的創新；另一種是新市場的破壞性創新，指的則是在簡易性與價格負擔上的創新。應用在學校教育興革上，必須轉化思維將破壞性的創新重新定義。應用破壞性創新的概念，身為學校教育工作者，如何突破追求考試科目分數的單一評量價值，透過學校課程與教學的系統思考，建構全人教育的學習機制，因為專注於培育多元能力的學生，所以有愈來愈多的學生在獲得學習的信心後，甚至也帶動提高了過去我們專心致力考試科目的學習成效，這是一種需要時間與等待的良性循環。

實踐破壞式的創新本身就是一個循環，因為課程與教學的系統思考創新，實施一段時間之後，會看到學生學習的明顯成效；接著就會轉變成維持性的創新，唯有在課程發展的Z軸上，來來回回調節課程發展座標點的動態歷程，才能在必要的時機點，啟動破壞式的創新，讓學校課程發展活化教師教學與學生學習。而啟動破壞式的創新，需要由下而上的教師團隊協力合作，與由上而下的學校團隊願景建構。

回到文章一開始的故事，我的結論是：學校的破壞式創新之鑰，掌握在這個學校教師團隊社群所蘊藏的能量，而這股能量能否有發光發熱的機會，是每一位課程領導者與課綱制訂者的重責大任。

博雅建中人

陳偉泓／臺北市立建國中學校長

高中階段是一個人心智活動最活躍的時期，開始脫離由家長和老師事先規劃安排好的生活與學習，不喜歡他人管太多自己的事情，期待有個人的想法和自己作決定。如何找到人生的方向與努力的目標，是高中生的第一門功課，探索自己的興趣與專長，是最重要的第一件事。開始設想十年後，或是二十年後的自己，將成為怎樣的一個人？在這個目標愈來愈明確的時候，高中生活的目標與方向自然成形，不致為未來的方向而迷惘。對於一個高中生而言，應該認知哪些事情，才能在未來的三年高中生活中，把握現在，展望未來呢？

首要就是在高一階段，先找到一至二件自己喜歡的事，用心把它做到最好，例如，想要學好英文，即規劃一年的時間，讓自己的英文達到最高峰，超越自己成為個人強項。或是對於某研究領域有興趣，則將其相關經典書籍讀得透徹。張忠謀先生曾說過，他自己主修機械，但在半導體領域的知識背景，全在於他曾經花了四、五個月的時間，針對William Shockley在半導體領域的一本經典著作，從頭到尾反覆徹底的學習與了解，成為他後來工作上十分重要的依靠。

獨立思考是高中生應該學會的第二件事。一般人不容易做到獨立思考的原因是習慣於聽從、自己懶得思考或不習慣於思考。經常讓他人為我們安排所有的事。例如在學校讀書時，習慣於聽從師長或家長的安排，一切照計畫進行，但是否為自己所最愛則不得而知；另一種情況是人云亦云，由媒體或網路上聽到或看到消息，未經反思，即推波助瀾加以傳誦，無意中成為傳播不實消息的一分子；或是對事物的看法受到不當影響；這些都是個人習慣造成缺乏獨立思考的原因。除了改善思考的習慣以外，訓練獨立思考，仍須做到幾件事：第一為邏輯訓練，訓練自己的思考符合邏輯思考的原則，不斷練習，無論是語言或文字都要合乎邏輯；遇到困難待決問題時，要能清楚陳述問題，杜威（John Dewey）說：「A problem well put is half solved.（當問題被陳述清楚時，問題已解決一半。）」解決問題需要具備洞察問題的高位思考、系統思考，並兼顧宏觀與微觀的思維。高位思考形成高瞻遠矚的遠見；系統思考則能使問題解決具備周延性及完整性；微觀思維可以由小看大，看到微訊號及整體問題的關連性。以人口政策而言，每一個小家庭只生一個小孩，造成國家整體新生兒減半的少子女化問題，並伴隨老年化社會來臨，這是見山是山的層次；同時也要能由大看小，解決老年化社會問題不是提高出生率即能解決問題，才不致於見樹不見林，此時為見山不是山；兼顧宏觀與微觀，以高位思考、系統思考提出完整性的理想解決方案才是王道，方可到達見山還是山的境界。

培養良好的表達與論述能力，是高中生應自我期許、融會貫通的第三種能力。文字與語言兩方兼備。大量閱讀後以語言及文字的方式做表達與論述的練習，經由溝通與傾聽，表達與論述，不僅能與他人合作，還能包容他人，取得信任而具備領導力。

自主管理包含時間、生活習慣、學習、興趣的自我期待與落實。高中生活多姿多彩，若不能善加管理時間，終將一事無成。生活習慣不好亦將侵蝕時間管理而不可取。學習管理是指學習策略與學習方法的探索與徹底執行。興趣則是一個人為什麼願意投入大量時間而成為專家的關鍵。自主管理是高中生必備的第四種能力。

為幫助學生能在高中三年裡有豐富的學習成果，並具備找到人生的方向、獨立思考、表達與論述、自主管理等四種能力。建中特色課程以「多元實踐」為學校願景，以「博雅教育（Liberal Education）」為核心理念，並以型塑「博雅建中人」的學生圖像為目的，擬定六大核心能力，涵蓋個人、群體、多元文化、知識、倫理、美感等範疇，並分別訂定具體能力指標（如下頁p114表），和前述高中生必備四種能力相互呼應且更為完整。整體課程規劃為三群四類，架構基礎課程群（必修類、必選類）、發展課程群及榮譽課程群；課程發展則運用重理解的課程設計（Understanding by Design，UbD）方式進行，以學習導向、問題導向為主，並配合多元評量方式設計課程。一方面統整各學科課綱及特色，滿足升學準備需求；另一方面也開拓學生彈性自主選修的機會，進而發展個別長才，達成多元實踐之學校願景，致力於學生創造力、批判力、領導才能、國際交流與全球化知能的提升。

博雅建中人六大核心能力

個人：自我身心探索與砥礪的能力	知識：精熟核心學科與宏觀知識課題的能力
● 具備情緒調和及健康生活的能力。 ● 具備反思自我、悅納自我、探索自我的能力。 ● 具備以開放的態度面對逆境，加以克服或超越的能力。 ● 具備生涯規劃的思維而夢想未來、終身學習的能力。	● 具備自我要求、自主學習的能力。 ● 具備熟悉不同的學習策略、學習工具與學習資源，應用於學習活動的能力。 ● 具備好奇、流暢、變通、獨特和精進等特質，以解決問題的能力。 ● 具備統整、應用不同學科的知識，並據以解決生活問題的能力。
群體：溝通表達與團隊工作的能力	**倫理：關懷倫理課題與維護公共利益的能力**
● 具備口語、肢體表達與寫作的能力。 ● 具備傾聽、尊重等溝通的態度與能力。 ● 具備團隊合作、協商決斷、產出成果的能力。	● 具備設身處地理解、關懷他人的能力。 ● 具備關懷性別平等與環境保護等生活議題的能力。 ● 具備道德推理辯證的能力。 ● 具備公共服務的抱負與能力。
多元文化：在兩種以上文化體系學習與生活的能力	**美感：涵泳藝文與品味生活的能力**
● 具備在地知識的體認與分享的能力。 ● 具備了解、尊重與欣賞不同文化的能力。 ● 具備多國語文溝通的能力。 ● 具備掌握時代發展脈動，理解全球重要議題的能力。 ● 具備從世界的格局反思台灣現況與未來的能力。	● 具備感受自然與人文環境的能力。 ● 具備欣賞與創作多元藝術的能力。 ● 具備藝術生活化、生活藝術化的實踐能力。

此一教育並不是菁英教育，而是致力於將學生培養成菁英的教育。特色課程的實施，主要目的在於使建中學生具有愛好知識和尊重多元的精神，能與不同人合作的素養，以及經由實踐而追求卓越的能力。對於進入建中的學生而言，學校以三年時間發展學校願景與特色課程，期待透過特色課程成就每一位建中學生，為迎接二十一世紀的挑戰與創新做好準備工作，成為名實相符的博雅建中人。

教育現場經驗分享

讓天賦自由的適性發展亮點課程

高松景／臺北市立大理高中校長

高中是脫離國中青春期的混亂，進入自我價值認同的時期；所以，十二年國教的規劃把過去高中選才的概念，調整為國中適性輔導入學；期能透過高中職分化分流，以及更多元學校課程型態，來提供國中生選擇適合自己繼續學習的高中課程，以達成適性揚才的教育理想。因此，每所高中的課程應該是不一樣且適性化。

大理於八十七年改制為高中時，為配合當時的教育政策，全校（一個年級八個普通班，一個體育班除外）試辦綜合高中課程。為提供「性向未定」的學生多元試探機會，以達延後分流，當時便在高一開設多元試探課程（上下學期共四學分）為本校校訂必修學分，再輔以「生涯規畫」課程。高二起則依學生的適性發展分流，選擇學術學程或專門學程。

實施多年以來，發現以下問題：一、選讀專門學程的學生很少，比如觀光餐飲、資訊應用及應用外語等三門，每年只有個位數的學生選讀。二、無法符合不同性向發展階段學生的需求，綜高基本假設是提供性向未定學生，然事實上本校有一半高一學生是性向已相當清楚。三、多元選修缺乏完善配套措施，高一升上高二、高三缺乏系統性銜接，無法聚焦學生亮點。於是我們從一〇二年開始採取活化綜高課程，及聚焦學生亮點的策略，積極改進上述的課程問題，發展讓天賦自由的適性發展亮點課程。

課程設計理念

符合大理學生適性發展需求：大理是一所社區高中，學生入學的基測成績約在PR85～PR75間，是以成績來評價成敗的教育系統中，可能被忽視的一群，也是學習歷程較艱困的一群。這群孩子的補習與念書時間不比PR95以上的孩子少，成績卻僅能維持中段，能選擇的高中職介於公、私立學校之間。但他們卻有著難以預想的潛能和創造力，怎麼幫助這群中間學生重新找到學習動機？讓他們未來也能發揮天賦，成為貢獻社會的未來人才。開創社區高中教育新價值，我們選擇以拿「補足弱項」的力氣來「強化強項、聚焦亮點」的策略，來召喚學生內在生命的價值意義，提供學生發展聚焦天賦亮點的機會。

系統規劃迷你課程以聚焦學生亮點：《讓天賦自由》一書的作者羅賓森（Ken Robinson）所指的天賦並非只是與生俱來的天分。因為一項天賦，必須經過四個自我檢視與實踐的試煉——天資／性向（aptitude）、熱情（passion）、態度（attitude）以及機會（opportunity），才能到達所謂的天賦自由。因此，學校需提供學生發展天賦的機會。應如何規劃呢？在「循序漸進、連續不斷、統整合一」的課程規劃基本原則下，課程學家葛拉松（Glatthon）提出迷你課程（mini-course）的課程發展概念，倡導學校可每學

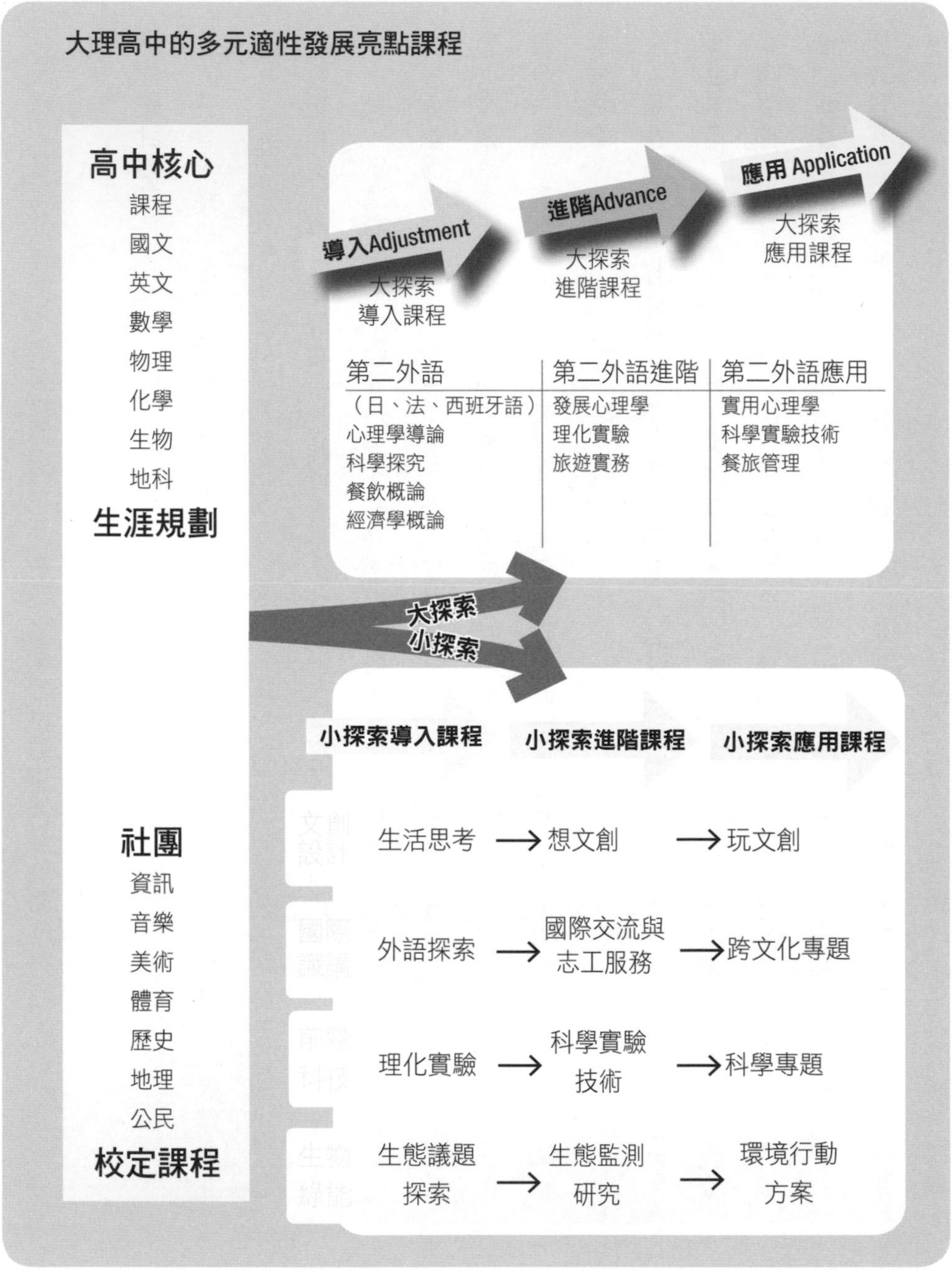
大理高中的多元適性發展亮點課程
高中核心
課程
國文
英文
數學
物理
化學
生物
地科
生涯規劃
社團
資訊
音樂
美術
體育
歷史
地理
公民
校定課程
導入Adjustment
進階Advance
應用 Application
大探索
導入課程
大探索
進階課程
大探索
應用課程
第二外語
（日、法、西班牙語）
心理學導論
科學探究
餐飲概論
經濟學概論
第二外語進階
發展心理學
理化實驗
旅遊實務
第二外語應用
實用心理學
科學實驗技術
餐旅管理
大探索
小探索
小探索導入課程
小探索進階課程
小探索應用課程
生活思考 → 想文創 → 玩文創
外語探索 → 國際交流與志工服務 → 跨文化專題
理化實驗 → 科學實驗技術 → 科學專題
生態議題探索 → 生態監測研究 → 環境行動方案

期系統規劃二～四節，來提供學生發展個人性向及興趣所需加深加廣的學習機會。大理高中所規劃的適性亮點課程，係採二〇〇七年美國「二十一世紀技能夥伴」所倡導的精熟「當代議題」，來將知識廣度增加；以及配合社區產業發展，來豐富學習資源，規劃可供學生「性向探索」及「銜接大學AP課程」適性發展課程。

結合大學與社區產業：為突破現有師資原有專長的限制，採取策略聯盟方式，結合大學師資與地方社區產業等資源，形成課程發展專業社群來發展及評鑑課程。

亮點課程的實施

課程設計：為活化綜高多元試探必修及專門學程，將多元試探課程分為「大探索」及「小探索」兩類，以符合不同性向發展階段學生做適性選擇。大探索是提供性向未定的學生，可在上學期以跑班方式，了解各門課程後，於下學期再選擇有興趣的一門做試探。小探索則提供性向已定的學生，依選課編班，不需跑班，以利學生深化聚焦試探。

亮點課程則採3A課程設計，高一為導入（Adjustment）、高二為進階（Advance）、高三為應用（Application），做逐年階梯式系統性規畫，分別開設符合精熟當代議題及配合社區產業發展的課程主題。

專業師資與教材發展：教材發展由本校師長組成課程發展的專業社群，並邀請大學教授及結合產業提供專業諮詢。本校師資無法支應的學科，特別是第二外語課程，則以邀請友校或大專院校師資蒞校開課方式進行。高中三年教材，除由師長組成團隊研發外，也規劃利用在教學中逐步紀錄教學歷程的模式，於課程結束後即上傳至雲端學習歷程平台。經師長進行相關段落設定後，可紀錄學生學習歷程，也可提供學生交叉轉銜的學習歷程內容，以利進行相關輔導。

教學策略：教學策略是採以學生學習為中心，以探究為基礎的設計，教學方法主要採用問題導向學習、專題導向學習（PBL）及體驗學習，強調探索及表達的學習歷程，利用成果導向機制（AOP），產出自己的學習亮點與優勢能力的教學策略，減少摸索與試探的期程，跨入「進化」與「專精」的階段。

輔導機制：配合新生入學開設輔導機制，比如課程說明會、親子選課說明會、適性探索營隊；並在各學習階段規劃合宜的進退場機制，比如選組、轉組、重新編班；同時在每學期結束前，提供學生申請轉換與趣試探選擇的機會，並利用寒暑假中安排「交叉轉銜補救教學」。學生所申請的課程如果無法在新學期中獨立成班，需併入已開課的既有班級，則於假期中邀請師長開設銜接課程班，或請學生利用雲端學習歷程平台的補救學習系統，協助學生順利轉銜。

學校教育不應是篩選人才，而是要培育人才。我們認為教育應把學生天賦潛能發展出來，以激發其學習熱情，支持其實踐人生夢想，培育社會所需的各種人才。十二年國教的推展，應是高中發展適性課程，實施適性教學，協助學生適性發展的好機會。

大理高中各階段的輔導機制構想

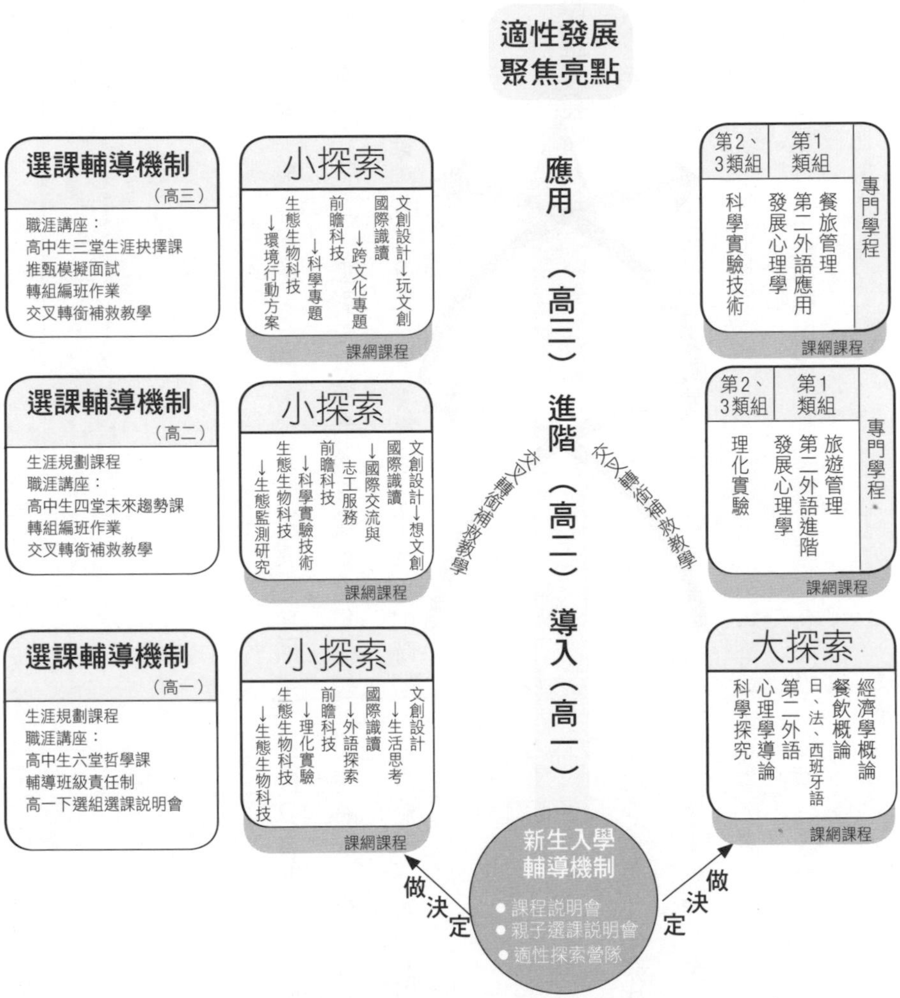
適性發展
聚焦亮點
選課輔導機制
（高三）
職涯講座：
高中生三堂生涯抉擇課
推甄模擬面試
轉組編班作業
交叉轉銜補救教學
小探索
文創設計→玩文創
國際識讀→跨文化專題
前瞻科技→科學專題
生態生物科技→環境行動方案
課綱課程
應用（高三）
第2、3類組
第1類組
專門學程
餐旅管理
第二外語應用
發展心理學
科學實驗技術
課綱課程
選課輔導機制
（高二）
生涯規劃課程
職涯講座：
高中生四堂未來趨勢課
轉組編班作業
交叉轉銜補救教學
小探索
文創設計→想文創
國際識讀→國際交流與志工服務
前瞻科技→科學實驗技術
生態生物科技→生態監測研究
課綱課程
進階（高二）
交叉轉銜補救教學
交叉轉銜補救教學
第2、3類組
第1類組
專門學程
旅遊管理
第二外語進階
發展心理學
理化實驗
課綱課程
選課輔導機制
（高一）
生涯規劃課程
職涯講座：
高中生六堂哲學課
輔導班級責任制
高一下選組選課說明會
小探索
文創設計→生活思考
國際識讀→外語探索
前瞻科技→理化實驗
生態生物科技→生態生物科技
課綱課程
導入（高一）
大探索
經濟學概論
餐飲概論
日、法、西班牙語
第二外語
心理學導論
科學探究
課綱課程
新生入學
輔導機制
● 課程說明會
● 親子選課說明會
● 適性探索營隊
做決定
做決定

專家理念分享

芬蘭高中課程給台灣的啟示

李大任／臺灣大學公共政策與法律研究中心研究助理

最近台灣興起一股芬蘭熱，「芬蘭教育」變成一種顯學，芬蘭教育的理念「成就每一個孩子」大家朗朗上口，但對於芬蘭的教育體系運作模式卻興趣缺缺，相信也有很多人不知道，芬蘭的高中課程改革，其實歷經了十八年的時間。以下將以芬蘭的高中課程改革為出發點，來探討芬蘭教育給台灣的啟示。

芬蘭教改歷經漫長十八年

一九八〇年，芬蘭開始進行「高中無年級制」的規劃；一九八二年起，在部分高中試辦；一九九四，芬蘭全國教育委員會頒布《芬蘭高中教育課程架構大綱》，全國約三分之一的高中實施無年級化制度。一九九九年一月，芬蘭頒布《芬蘭高中教育法案》，高中無年級制全面施行。從課程的規劃到實踐費時之長，絕非台灣教改「沒多久就提出一套新政策」所能比擬。

其次，芬蘭高中課綱「學科」與「選修」界限明確。在學科的規劃方面，台灣課程教學的一個單元或一學期的授課內容，在芬蘭往往就是一門課。以物理科為例，芬蘭高中課綱就分為基礎物理、熱學、波動學、運動定律、轉動與重力、電學、電磁學、物質與輻射等八門課，而除了基礎物理為必修以外，其他七門課都是選修，而且沒有修課時程與選修科目數的限制。

另外，芬蘭依然允許「特色高中」存在，而特色課程的安排也因校而異。據統計，芬蘭全國共七十四所特別學校，其中包含十一所IB（國際文憑）課程學校、十二所華德福高中、四所純科學高中、四所純美術高中、五所純音樂高中、十所純體育高中，其他學校則是包含數個領域的特別學校。

台灣的課程規劃從「考試引導教學」開始

看完芬蘭的課程改革，接下來回顧台灣的課程設計。我國的教育制度中，從來沒有「高中分組」這樣的政策，分組是大學招生的分類。在聯招之前，台大就是「不分組招生」，直到聯招開辦才出現「甲、乙、丙三組」的招生方式。在考試引導教學下，高中的課程安排就產生了一定程度的彈性。雖然主事者早在一九五七年四月就通令各中學禁止文理分組[1]，除此之外，一年後教育當局更進一步，除了將大專聯考「不分組」以外，還規定全國大學一律「不分系」招生。但是政策施行的結果，高中分組的情形依然沒獲得改善，反倒是「不分組考試」，在學生叫苦連天的情況下，只實施一屆就被廢除了。

註1. 相關報導：〈教廳通令中學不再文理分組〉，《聯合報》，1957/04/19。

其實要了解「分組考試」的困境所在，只需釐清一個問題，就是為什麼「大學分組招生」會使得「高中分組教學」出現？而問題的癥結在於之所以會出現分組教學，完全是因為當時聯招不能「跨組考試」的緣故。要解決「分組考試」的問題（包括各組人數差距過於懸殊）、打破分組教學，只要教育當局一紙命令下來，讓學生有機會跨考就可以了。可是教育當局直到一九六五年決定改變聯招招生方式的時候，都沒有任何行動——主事者只想著如何解決各組應考人數差距的問題，最後將醫科、農學院從甲組分配到丙組，文組（乙組）拆成乙、丁兩組。

至於「跨組考試」的方案，則要到一九八〇才得以付諸實施。一九八一年，教育部開始進行大考改革方案的研究，一九八三年決議將大考分成一、二、三、四類組招生，考生可跨組報名真正落實已經是一九八四年。而早在一九七一年二月，教育部已將高中課程綱要分成「文組版本」及「理組版本」，也就是高中分組早已實行多年了。

從一九七一年高中課程綱要公布起，這三、四次的高中課綱修訂都反映著主事者虛偽的心態——他們既無力阻止高中分組的運作，又要維持所有科目皆未偏廢的「假象」。但是大學真的知道自己要的是什麼學生嗎？以台大為例，在一九六三年聯考仍只分三組的時候，醫學院的大部分科系都在甲組，但護理系卻在丙組；而農學院的科系，甲、丙組人數差不多二比一，比如農化系在甲組，農經系卻在丙組。上述分類的用意為何不得而知。而一九六六年，醫、農學院甲組科系的考科轉變也毫無學理依據可言，只是為了幫丙組湊人數。廢除聯考後，台大地理系自二〇〇六年指考也開始招收文組生，交大管理科學系則在二〇〇五年從純理組招生變成只看國英數，最經典的當屬台大農推了，自從改名為「生物產業傳播與發展學系」之後，指考招生從純理組變成了純文組。

從84課綱談課程改革失敗

到了一九九〇年，隨著廣設大學、廢除聯考的呼聲高漲，為了因應廢除聯考後的教學，教育當局在一九九五年頒布了新的課綱。爾後的95課綱、99課綱，不過是84年版課綱的延伸。當時很多大學科系也都躍躍欲試，希望藉由鬆綁考科數量，讓學生真正達到彈性選課的目的。因此在大考舉辦的頭一年，陽明醫科只看生物、化學，台大公衛只看英數，更別提成大和中央大學、中山大學、中興大學及中正大學等「四中」，理工科近半科系不是只看英文、數學、物理，就是只看數理化。那麼在課程、考試全盤變革下，為何依舊無法達到課程鬆綁的效果、高中分組依然是鐵板一塊？

其實，從84年版的高中課綱就可以看出許多問題：比如，在高一的時候，物理化學的修讀時間不到史地的二分之一。上了高二，社會學科要從歷史、地理、現代社會三科中每學期修讀四學分，然而在每門課都是兩個學分的情況下，有一科勢必要被犧牲掉（正常情況下，「那門課」是指考不考的）。而物理、化學、生物、地科這四科當中，教育部的安排是「每周修習至少兩節」，也就是說，讀一門還是讀三～四門，由各校自行

民國84年版的高中課綱

類別	節數科目		一年級 第一學期	一年級 第二學期	二年級 第一學期		二年級 第二學期		三年級 第一學期	三年級 第二學期	備註
必修科目	公民教育	公民			1		1		2	2	
		班會	1	1	1		1		1	1	
		團體活動	1	1	1		1		1	1	
	語文學科	國文	4	4	4		4		4	4	
		英文	4	4	4		4		4	4	
	社會學科	三民主義	2	2							
		歷史	3	2							
		地理	2	3							
		世界文化 歷史			2	4	2	4			學生應在上述科目中每週修習四節
		世界文化 地理			2		2				
		現代社會			2		2				
	數學		4	4	4		4				
	自然科學	基礎物理	2	(2)							
		基礎化學	(2)	2							
		基礎生物	2	(2)							
		基礎地科	(2)	2							
		物質科學 物理			3	2-3	3	2-3			學生應在上述科目中每週修習至少二節
		物質科學 化學			3		3				
		物質科學 地球科學			2		2				
		生命科學			2		2				
必修科目	體育		2	2	2		2		2	2	
	軍訓		2	2	2		2		1	1	包括護理
	家政與生活科技		1	1	1		1				家政
			1	1	1		1				生活科技
	藝術科	音樂	1	1	1	2	1	2			高二學生應在二年級所列科目中每週修習二節
		美術	1	1	1		1				
		藝術生活			2		2				

類別	科目	一年級 第一學期	一年級 第二學期	二年級 第一學期	二年級 第二學期	三年級 第一學期	三年級 第二學期	備註
選修科目	語文類	0-4	0-4	4-8	4-8	15-20	15-20	38-64
	社會學科類							
	數學類							
	自然學科類							
	體育類							
	家政類							
	生活科技類							
	藝術類							
	職業陶冶							
	總計	33-37	33-37	33-37	33-37	30-35	30-35	192-218

決定。於是高二的「文理分組」將學生分成了兩類：一類專攻文組（史地），另一類則是在既有的文組科目上，再加修理化等科目。於是想讀理科，但沒興趣或沒能力修習文科的學生因此被犧牲了。更糟的是，當學測推甄成為重要升學管道的時候，原本只對沒能力多修文科的理組學生不利的高中課綱，隨著學測推甄連帶波及到了文組的學生。

而99課綱的設計，有人說是為了給自然科修課不多的文組學生做補強用。但是按照99課綱的內容「自然領域每一科目至少修習兩學分」，也就是說「有些科目可以只修兩學分」，與84課綱唯一的差異就是，高二的自然領域必修從「最低兩學分」變成「限定四學分」。對文組生而言，只要高二不碰物理、化學，課綱差異其實不大，只是生物、地科從擇一變成兩個都要修而已。但對理組生（尤其是三類組的學生）而言，一學期四學分的必修是很吃緊、根本不夠用的，所以可想而知，高二理組的「三學分學科選修」會被使用在哪些課程上。除此之外，高二的社會領域課程與84課綱相較，幾乎沒什麼變動，唯一的不同就是，公民科從必修變成了選修。在每學期排課四學分的限制下，勢必和史地形成三搶二的局面。所以公民老師為何大聲呼籲將公民列入考科，也就可以理解了。

對台灣高中課程改革的建議

因此未來台灣的中學教育若要實施課程改革，現實層面有幾點須納入考量：

一、選課權應下放給學生，不然就會像現在指考，各校幾乎都恢復成五到六科的考

民國99年版的高中課綱

類別	年級 / 學期 / 學分 / 領域	科目	一年級 第一學期	一年級 第二學期	二年級 第一學期	二年級 第二學期	三年級 第一學期	三年級 第二學期	備註
必修	綜合活動		2*	2*	2*	2*	2*	2*	
	語文領域	國文	4	4	4	4	4	4	
		英文	4	4	4	4	4	4	1. 數學、英文、基礎物理於高二開始分為A、B兩版，且A包含於B。 2. 社會領域歷史、地理、公民與社會等三科，學校得採取每學期4學分的排課方式。 3. 自然領域含括基礎物理、基礎化學、基礎生物、基礎地球科學等四科，每一科目至少修習2學分。
	數學		4	4	4	4			
	社會領域	歷史	2	2	2	2			
		地理	2	2	2	2			
		公民與社會	2	2	2	2			
	自然領域	基礎物理	4	4	4	4			
		基礎化學							
		基礎生物							
		基礎地球科學							
	藝術領域	音樂	2	2	2	2	2	(2)	藝術領域含括音樂、美術、藝術生活等三科，每一科目至少修習二學分。
		美術							
		藝術生活							
	生活領域	家政	2	2	2	2	(2)	2	家政、生活科技、資訊科技概論、健康與護理等四科合計10學分，每一科目至少修習2學分。各校可彈性調整授課學期。
		生活科技							
		資訊科技概論							
	健康與體育	健康與護理							
		體育	2	2	2	2	2	2	
	全民國防教育		1	1					
	必修學分數小計		29	29	28	28	12	12	138/150
	每週節數小計		/31	/31	/30	/30	/14	/14	
選修	語文類		0-2	0-2	0-3	0-3	0-19	0-19	1. 生涯規劃類、生命教育類在三年選修課程中至少各佔1學分。 2. 高一及高二選修學分可在符合各學期及各類選修學分上限範圍內彈性分配各類課程，惟應受每學期選修總學分上限之限制。
	數學類								
	社會學科類								
	自然科學類								
	第二外國語文類		2-4	2-4	2-5	2-5	2-21	2-21	
	藝術與人文類								
	生活、科技與資訊類								
	健康與休閒類								
	全民國防教育類								
	生命教育類								
	生涯規劃類								
	其他類								
	選修學分數上限小計		4	4	5	5	21	21	60
必選修學分數上限總計			33	33	33	33	33	33	198
每週節數上限總計			35	35	35	35	35	35	210

試方式（因為沒有選課彈性，學生還是科科念、科科考），和過去聯考沒有兩樣，負擔自然無法減輕。畢竟在二〇〇二年第一屆指考，不少明星校系就只看兩、三科，然而各校考生還是習慣科科都報。由此可證，台灣並非一直考試引導教學。

二、為避免「學科侵占選修」的情形發生，除了將學科與選修課程內容要劃分明確，也需同時規定每門課的最低授課節數，比如芬蘭高中每門課程應上三十八節，不能讓非學科課程「只上一小時」就想摸魚了事。當然，「選課權應下放」與「學科、選修分離」必須同步實施，不然上有政策下有對策，執行起來一定荒腔走板。

三、在學生得以自由選課的情形下，如果教材有依難易度分級，A／B版課程的修課學生，也不應由校方硬性規定，須同時衡量學生的修課意願與該生在基礎課程的學習表現。以自然科為例，縱使是簡單的A版課程，也會有學生（可能就是想念純文科）不想上。而學校也會有一些想念理組，但跟不上B版程度的學生。

四、學科課程，除國文、英文、數學與其他學科的基礎課程外，同一科目的修課順序，學生得自由調整。就個人學習經驗而言，國文課就算高一到高三的內容對調，對學習的影響不大。又如高中歷史，只要將史觀放到最後，其他章節何時上都沒關係，公民科的四大領域更是可以任意排列了。縱使是數理科，亦可找出類似的章節，比方排列組合、機率統計就不一定要擺在高二下，高二、高三的物理，不會沒上光學就不懂力學、沒上熱學就不懂電子學……諸如此類。因此，只要將這些「授課時間可調整的課程」內容找出來，就可藉此做為課程鬆綁、彈性授課的依據，進一步要求教育當局朝科目專業化、高中無年級化邁進。

五、如果要發展「特色學校」，這些學校就應該享有學科自主權。因為不管是美國的magnet school還是芬蘭的特色高中，高中課綱都只是參考用，各校可自行調整。

六、將大學先修、高中特色課程納入選修學分的計算，讓申請推甄錄取的學生（目前每年大概百分之五十的高中生）不致學業荒廢。

除此之外，在美國、日、韓等國家，由於「特別學校」是在高中職均質化以後重新建構的產物，因此這些國家現有的特別學校都是經由制度化建構而成，然而在台灣，由於過去高中職升學一直以入學考試為主，並沒有像國外歷經高中職均質化的制度變革，所以明星高中的定義，較偏向於一種約定俗成的概念。因此課程改革後，是否要建構特色學校，或者直接讓現有明星高中法制化，也將是未來的一大考驗。

芬蘭高中課綱

科目	必修課程	進階課程
數學（主修數學者適用）	函數與方程式	數論與邏輯
	多項式函數	
	幾何學	
	解析幾何學	
	向量	數值與代數方法
	機率與統計	
	微分	
	根與對數	
	三角函數與數列	微積分前導課程
	積分	
數學（一般生適用）	表示法與方程式	商用數學
	幾何學	
	數學模型(一)	
	數學分析	數學模型(三)
	統計與機率	
	數學模型(二)	
生物	生物世界	環境生態學
	細胞與遺傳	人類生物學
		生物科技
地理	自然地理/地科	天災與區域危機
	人文地理	田野調查
物理	物理自然科學	熱學
		波動學
		運動定律
		轉動與重力
		電學
		電磁學
		物質與輻射
化學	人體與環境化學	化學微觀世界
		反應與能量
		金屬與材料
		反應與平衡

宗教與道德	宗教的特質與意義	宗教在世界扮演的角色
	教堂、文化與社會	芬蘭人的信仰
	生活與道德	
宗教與道德（東正教信仰）	東正教世界	宗教在世界扮演的角色
	道德與教義	東正教在芬蘭
	聖經閱讀	
宗教與道德（道德）	美好人生觀	文化遺產和特質
	世界觀	
	個人與團體	各文化的世界觀
哲學	哲學思考導論	哲學倫理
		哲學知識與現實面
		社會哲學
歷史	人、環境與文化	芬蘭史：從史前到芬蘭自治
	歐洲民族	
	國際關係	文化接觸
	芬蘭史上的轉捩點	
社會研究	政治社會發展	法律
	經濟學	歐盟與歐洲一體化
心理學	心智活動、學習和互動	人類心理學的發展
		人類的資訊接收處理
		動機，情感和智慧的行動
		人格與心理健康
音樂	音樂與我的關係	不同音樂風格與音樂文化
	歐洲藝術對芬蘭音樂的影響	音樂在藝術、傳媒的效果
		音樂表演
視覺藝術	自我、圖像與文化	媒體的視覺表現手法
	空間、景觀設計	藝術史與藝術風格
		當代藝術工作坊
體育	體適能	體能訓練
	體育活動	團體運動
		體能訓練
健康教育	健康要素	日常保健
		健康、疾病相關研究
生涯輔導	教育、工作與未來發展	學習、工作與事業

三、適性教學

教師是學校教育的搖櫓人，沒有教師的支持與努力教育理念是不可能落實到學生的。在適性教育的架構下，老師在教學上可以調整的項目有：

教材：教材可依不同的寬廣度與深度分為基本教材、一般教材、進階教材等，不同程度的學生要給予不同的教材。要教學生能學得會的內容，但也要有一點難度，讓學生的學習有成就感，才能真正讓學生可以快樂學習。

規模：依照學生的特質可採班級教學、小組教學、個別教學等方式。如果能做到適性編班，班級教學將更有效果。小組教學可採同質分組或異質分組的模式，須依學生的特質與課程的內容選擇。有一些科目適合同質分組，如數學、英文等，有一些科目則適合異質分組，如社會、公民等。教師可依學習狀況靈活運用。對於特殊的學生，如程度特別好或進度特別慢的，則可採個別教學的方式。

進度：教學的進度可依學生的學習狀況加快或放慢，重點是學生能學到東西，而不是趕進度。如果真的進度落後太多，可以鼓勵學生在家預習，才能提升學習效果。

時程：一般教學是在正常安排的時間上課，但如果是常態編班的方式，班上同學程度不同，必然有學生覺得學不到東西，也有學生覺得太難。對於覺得太簡單的學生，可以擇時進行精進教學，覺得太難的學生則施以補充教學。排課時不能排得太滿，必須預留時間進行特殊教學。

評量：評量可以用各種形式出現，如紙筆測驗、口試、報告等。性質則可以分為兩類：形成性的（formative）或總結性的（summative）。在適性教育的架構下，評量應採取形成性的方式，教師藉由評量，觀察學生表現，再施以適合的教學方式，反覆為之，達到教學效果。評量也可以讓學生知道自己的學習狀況，題目不能超出學生程度太多，但也不能太簡單，要讓認真努力的學生有成就感，才能激發再上一層的動力。如果每一個學生都能有其專屬的評量卷，可以從評量中了解自己的學習狀況而調整學習方式，就做到適性評量了。

師資：任課教師的各種教學方法與能力要更精進，特別是要能針對不同的學生提供適當的施教方式。在教學過程中如果遇到教師與學生互動困難的情況，要及早調整。學生遇到適合的老師，學習效果將大為增強。如果能在學生適性編班後，再依教師的特質進行師資的調配，將可發揮學習的加乘效果。

台大政法中心在今年四月公布了一項全國公立高中校長的問卷調查報告，在回覆問卷的一百五十三位校長中，有71%認為十二年國教實施後有必要進行能力分班，更有高達78%贊成適性編班。認為有必要實施學科能力分組教學的則有82%，顯然高中教學現場的運作方式是到該改變的時候了。

除了上述須適性調整的教學項目外，傳統的教學方式也必須與時俱進，各種適性教學法應予融入，例如師生協同學習、同儕合作學習、適異性教學（Differentiated Instruction）、引導學習（Guidance Learning）等。教學方式要從只「講」課，逐步融入「聽」學生想學什麼，及「看」學生學會了什麼，針對學生需求予以正確有效的引導。

最近廣為關注的「學習共同體」是一種可能的教學方式，但那要以由下而上的方式進行，學校、老師、學生、甚至家長要形成一個「共同體」才能落實。另外，「翻轉教室（flipped classroom）」的概念也可嘗試，老師可以將教學內容或解題過程先錄製起來，讓學生在上課前先行觀看學習，上課時則進行討論、解答問題、或出作業給學生練習。

除了班群的學習外，教師在教學的過程中，也要對個別學生的特別智能有所了解，並針對不同智能的學生採取適合其學習的方式教導。例如，對於空間智能較強的學生，應提供更多的圖片及動手做的機會；對於音樂智能較強的學生，耳朵可能較敏感，可以採用聽覺的方式教學，如果在教英文時採用唱歌的方式，學習會有事半功倍的效果。

在學校層級，各校應聘任學習及性向輔導教師，使得學生在選課過程中能得到適當的引導。教育單位則應設置學習輔導中心，開授學習或性向輔導課程，強調「學」與「教」並重，加強專業師資培育。教育主管機關並應將適性教育的規劃、實施與成效納入各校校務評鑑項目之一，以檢視實施成效，並檢討或調整推動方向。

教育現場經驗分享

翻轉吧，老師

段心儀／臺北市立中山女高教師

天命之謂性

「天命之謂性，率性之謂道，修道之謂教。」兩千年前的這句話，在時間的淘洗下越琢磨越閃亮。老師最重要的任務就是觀察每個學生獨特的天性，給以適當的培育，使之展現不同的姿態，讓這個世界美不勝收，這卻也是老師最大的挑戰。雲門舞集創始人林懷民五歲那一年，第一次看到「紅菱艷」。這是一部影射俄羅斯芭蕾舞蹈團的電影，儘管片中的英語對白和中文字幕他都不懂，但卻強烈喜歡上片中的舞蹈。林懷民說：「往後的成長歲月中，我其實是一步步向它靠近。」

有人問大導演李安：「走在電影這條路上，你曾否徬徨遲疑，不知是否應繼續走下去？」李安笑說：「當然有過。但我看看自己，除了拍片，我還能做什麼？我還會做什麼？那些故事、人物總是在遠方召喚我，要我為他們服務，我抗拒不了。」

舞蹈、電影，就是他們的天命。

率性之謂道

廖庭澔全盲、自閉、智障、過動，他集多重障礙於一身，曾被老師視為「教什麼都不會」，只好在十歲時休學，轉送至台中大肚鄉的皇冠托兒所收容。但在他幫忙擦風琴、鼓等樂器時，老師發現他竟然能敲出有節奏的聲響，從此開啟了他的音樂路。他學古典鋼琴、爵士鋼琴和直笛，老師錄音給庭澔回家練；老師才教一首，庭澔已經把CD全部內容都背起來。他有本事從中西樂曲、國語老歌、台語老歌到西洋爵士樂，不重覆地彈一整天。庭澔連續獲得各種樂器才藝比賽第一名。一個原本什麼都不會的孩子，現在家裡掛滿他的獎狀。

每個人都有獨特的天賦，能不能得到適當的開發，是一生圓滿與否的關鍵。

修道之謂教

校園中我們總看到一小圈、一小圈的青少年，他們各有自己的文化、癖好與語言，正如同大海中的魚群分群悠游，表面相安無事，其實各有意見。因此，當老師面對台下數十位同學，如何精確掌握每個人不同才性，分別指導，人人受益，正是教學最難的地方。十二年國教後，整個教學環境會更艱難：會考只分三級，每一學科，成績三十五分到八十分的孩子都歸入「普通」，這是個極大的範圍，學生的差異性可想而知。面對新挑戰，不少老師想了就冒冷汗，當然也有老師鬥志昂揚，但不論反應如何，老師的角色要大幅度更迭了。

老師是導演，學生是演員

傳統教室的場景是：老師在台上口沫橫飛，筆不停揮，學生在台下振筆疾書。現在教室的場景是：五光十色的投影片、影片，外加老師適時的講解，但還得隨時注意燈光強弱，免得學生昏昏睡去。但是，能怪學生嗎？一學期十八科，至少十科要寫報告，各種比賽外加社團，沒事手機還要line一下，不趁機打盹才怪。

因此，佐藤學強調要讓教學現場，從傳統著重於教師單方面的「教」，扭轉成著重學生學習的「習」。唯有學生自主、高效率、充滿思考性、體驗式、討論式的學習，才能把從學習中逃走的學生重新拉回樂意學習行列。

未來教室的場景，我們示現如下：

兩組學生正在進行辯論，題目是「墨子苦口婆心分析楚國攻宋的不智，楚王同意墨子的觀點嗎？」雙方激烈交鋒，一組學生說：「墨子說盡楚國好話，說它有文軒、犀兕、長松、楩柟……天下之富，盡在此矣；宋國則貧弱不堪。又誘導楚王說出『這樣富有的人若還覬覦鄰家薄產，那一定是偷竊狂了』的話，楚王能不同意他的觀點嗎？」另一組反駁：「誠然，宋貧楚富。但蠶食鯨吞，再多一點土地又有何妨？又可擴展勢力範圍，進而覬覦宋的鄰國；且楚不攻宋，別國也會攻打，坐失先機，智者不為；何況又怎麼擔保宋國不會強大，屆時後患無窮。」

唇槍舌劍中，每個人神采飛揚。老師場邊觀戰，學生特質一覽無遺：有的條理分明，適合學法；有的溫和謙遜，適合文史；有的錙銖必較，適合學商；有人能設計出墨子、魯班九攻九守圖，油、火、石頭盡出，狠辣鮮活，正是最夯的文創人才。未來如何幫學生做生涯規劃，老師已心中有底。

演員無法同時滿足不同觀眾不同需求，但是好的導演可以激發每一個演員的潛力。

老師給問題，學生給答案

哈佛大學邁可．桑德爾（Michael Sandel）教授的《正義：一場思辨之旅》一開始就拋出問題了：「一列電車剎車壞了；更糟的是，駕駛突然發現前方軌道上居然有五個工人！電車肯定是剎不了車的，通知工人也已經來不及；不過這時駕駛發現前方有條岔出去的支軌，支軌上只有一個工人。如果是你，你會選擇直行向前開撞死五個人；還是轉彎只撞死一個人？」接著就讓學生發表意見。有時還區分正反兩方，讓學生們暢所欲言，反覆攻防。邁可．桑德爾在旁不斷穿針引線、引導、追問，最後終於讓學生答出他想要的真正答案。雖然，最後將答案扣回他們討論主題的是邁可．桑德爾。但是，答案是由學生自行想出來的，不是邁可．桑德爾告訴他們的。

其實，這個形式對老師是個極大的挑戰。老師傳統的訓練是提供學生最好的答案，即使提出問題，答案也都早在老師的設計之中。這種設計出開放性、連續性、追問式的問題，又得在數十位學生腦力激盪，外加各種智慧型產品助陣下，冷靜、明快而又謙遜地引導整個程序的進行，既不偏離主軸，也不抹殺智慧與創意的火花的學習方式，真不是件容易的事。

但是，受到佐藤學啟發，設計出學思達教學法的張輝誠老師說：唯有好奇心和思考，才能讓學生保有旺盛的學習欲望。只有這種學習方式，方能適應時代的需求。

要團隊合作，不單打獨鬥

一〇二年的推甄，北一女三年良班有六位同學進入台大醫學院，破了學校歷史記錄。導師林月貞說：「團隊合作是唯一的答案。」她三年來帶班的主要方向，就是建立互助合作的風氣。這次為了準備推甄，同學們分頭蒐集資料、設計題目、模擬問答、互相支持。她們相濡以沫，贏得了佳績。

團隊合作的威力，也適用於老師之間。近年教師社群紛紛成立，互相支持，精進發展，不論在教材、教法上，都有創新與發展。整個教學環境正在蛻變，新的教學模式正在成形。

十二年國教後，需要多樣教材方能同時適應差異性大的學生；需要創意教法才能讓他們同時心領神會。但要為不同程度、不同特質的學生編寫出不同的講義，設計出不同的學習單，不但教師工作量得倍增，個人思慮又不易周全。因此，只有團隊的力量，才能讓這條路走得穩走得好。同時，一個班級學生程度不一，也只有透過團隊合作，懂的同學教不懂的同學，才能帶起每一個學生。老師如何善用分組的方式，建立同儕意識，讓班上每個人都可以在不同的領域成為其他人的小老師、小天使，才是帶起每一個學生的不二法門。

師與生的團隊合作，是十二年國教後，落實適性教學絕不可少的機制。

道也者，不可須臾離也

最壞的時代也是最好的時代；愚昧的時代也是智慧的時代。十二年國教已經上路，課綱卻還在研修，但根據課綱目前設計的趨勢，減少必修，增加選修，跨領域課程及實作課程的設計，跑班選修的落實，都是勢在必行的改變。但政策面不等於實務面，十二年國教的成敗，其實掌握在教師落實適性教育的策略與熱情，而這也是老師無法違逆的天職吧。

千里馬與伯樂

吳毓瑩／國立臺北教育大學心理諮商學系教授
兼任教育學院院長

學校是孩子生活中非常重要的環境，孩子在學校中學習成為社群的一分子，在這社群中發展潛能，展現特質，與人交往。校園的美好，老師的支持，同學的相處，往往成為孩子幸福時光的一部分。孩子信賴老師，老師如何回應、支持、並開發其潛能呢？一位任教超過二十年的資深老師珠珠，在年資第十七年時候擔任教務主任，曾這麼告訴我：

雖然這件小事不算什麼，已經二十年了，但我仍想跟我的學生說：「請原諒老師！」從我任教以來，我總是把考卷按分數高低排列，在發考卷的時候，一定從最高分開始，「王聰明，九十八分，大家給他拍拍手。」一直發到最後，「葉大雄，四十分，要加油！」當時的想法很簡單，就是用成績好的學生來激勵考不好的學生，希望有群起效尤的結果。

三年前，因接行政工作有較多機會參加研習，同時也因擔任教務主任工作，較能站在超乎教師的位置看事情。有一次，一位家長打電話來說要告陳老師，因為陳老師把段考成績從第一名一直排到最後一名，而且在班上公布名次，家長覺得孩子內心受傷，除了要告老師之外，更強烈要求學校廢除這項「規定」。我費了好多口舌，解釋排名次是教師個人做法，並非學校規定；但承諾會去與老師溝通。放下電話，我立刻找陳老師聊聊。陳老師理直氣壯說：「我教了三十幾年的書，誰說排名次會傷孩子的自尊心，這麼脆弱，將來怎麼面對外面種種競爭。是哪一位？以後我不排他的名次，其他的照排。」陳老師隨之在下學期退休了。但這件事給我很大的警惕，時代在變，觀念也要跟著時代變，面對以前的無知，不要再有任何藉口而不去改變。

人有百百種，家長也有百百種。我們有默契不排名次了之後，也有一位家長打電話來：「為什麼你們學校不排名次？XX小學從一年級就開始排名次，沒有排名我怎麼知道我的小孩程度如何？怎麼會有競爭力？」面對這樣觀念的家長，我只好告訴他：「孩子還小，潛力無限，現在得到的分數其實沒有什麼意義，不能現在就用名次去定位他，框住了他的發展。」這樣的解釋不知家長聽進去沒？回想年輕氣盛的我，只想跟我的學生說，「請原諒老師，老師傷害了你們的自尊。」

我們看到珠珠老師因為職務的變動，當了教務主任之後，看到了孩子的代言人——家長，所發出的不平，而反省自己行之二十年的習慣。而被抗議的陳老師，其價值與立場亦有一定的支持者，他認為學生如果不知道自己在團體中的排序，如何面對殘酷的社會，陳老師早早已將社會資源的競爭方式帶入教室中。我們試問，在此景況下，什麼是有智慧的實踐？

要清楚傳達孩子在教室中的排序，以了解社會的競爭性？還是照顧孩子的自尊心，相信人生不以排序來展現意義，給予時間並等待他發展的機會？

我們似乎無法清楚說明，照顧孩子自尊一定對，抑或反映社會的競爭才是最好。但我們一定知道，老師的行動如何回應社會與家長的託付，如何扶持孩子長成最好的他，是我們永遠的追求。一個好老師，絕對不是僅以一種方式走遍天下照顧每一個孩子。

老子〈道德經〉第二章這麼說：「故有無相生，難易相成，長短相形，高下相傾，音聲相和，前後相隨；是以聖人處無為之事，行不言之教，萬物作焉而不辭；生而不有，為而不恃，功成而弗居；夫唯弗居，是以不去。」有與無乃是相對的，有了「有」，才有「無」，難與易，長與短，高與下，音與聲，前與後都是彼此相對性的存在，相互依存，有前才有後，何謂前，如果沒有後，也就沒有所謂前。

在這樣的大宇宙運行狀態中，聖人的境界就是無為，不特意強調或重視任何一方，因為此方的存在乃源於彼方的存有。將上述的聖人境界放在老師的實踐中，正是老師對學生最好的教導與激勵方法，其精神就是「變動不居」。老師知道有與無之間是相互的，難與易之間亦是相對的，例如老師將考卷排序高低發下去，希望同學看到楷模，卻怎知第一名的榮譽，可能正是壓力最大的處境——多少曾為第一名者，背負多大的期許？新聞雜誌最喜追蹤「當年狀元何處去？」狀元們日後發展最潦倒的，反而最具新聞性。被天下人知道身是狀元，怎能說對他最好？老師對孩子的激勵，往往在不露痕跡之中，老師兢兢業業，不固著於既定理論，但以變動中的情境做為判斷的依準，所以可在智慧之路上持續耕耘，行不言之教。老師為而不恃，功成而弗居，深知一個孩子的養成，絕非老師一人之所為。學生因而學得欣欣向榮，師與生形成一個良性互動的社群，且持續維持情誼，長長久久，是以不去。

林語堂先生說得好，當希臘人一逕要避免命題與原則相互抵觸的文化思維時，華人的思維卻是盡量避免極端，以動態平衡之姿走在兩端之間。就像珠珠老師說的，「時代在變，觀念也要跟著時代變，面對以前的無知，不要再有任何藉口而不去改變。」雖然很白話，但卻是一語中的——老師如何對待孩子，依孩子特質來調整，事實上也就是適性輔導的意涵。

我們曾經調查過一個班級，當中有三分之一的孩子覺得來學校上學，與老師同學在一起很幸福，那麼，老師怎麼忍心沒看到孩子的努力，忽略孩子的特質？韓愈在《雜說四—馬說》中曾言，「世有伯樂，然後有千里馬。」老師如同伯樂，學生是千里馬，伯樂與千里馬的關係，便是品識與欣賞。這也是教師適性輔導的核心精神。

在這個核心概念之下，中華適性教育協會曾與北教大教育學院、以及台大、中興大、成大的各師培中心，合力舉辦了北中南三場「阿德勒取向之教師適性輔導研習營」，結合心靈與專業的角度，以阿德勒所倡導的個人心理學（individual psyclwlogy）為取向，引導參加的四百多位教師一起走過為期兩天的成長營。

個人心理學聽起來好像很個人與自我，但事實正好相反，個人心理學強調人生活在世的目的，乃在完成人生三大任務：一是工作與職業，二是合作與夥伴，三是伴侶與家庭。這三個任務皆以個人為中心，但將個人置於社群之中，合力完成任務。個人心理學為德裔心理學家阿德勒於一九二〇年代所創，所強調的「個人」，有別於當年盛行的佛洛伊德心理分析理論認為人是受生物本能（性與原慾）所驅動，個人心理學相信人對生活的解釋與意義，左右自己如何存活於世。

教師適性輔導研習營課程規劃

項　目	內　容
目　的	1. 加強中小學教師對自我專業狀況的敏覺。 2. 增能中小學教師在學科專業上及師生互動中之適性輔導素養。
研習課程	1. 從生命的意義談適性輔導 2. 教師「心」生涯：從鼓勵做起 3. 如何輔導學生找到性向與興趣 4. 行動學習取向的小團體討論與行動方案

（資料來源：中華適性教育發展協會）

那麼，如何存活得好？個人如何與社群共存共榮？核心的策略就是鼓勵，也就是對於個人優勢的品識與欣賞。個人心理學相信人的存在建構於三個聯繫之上：一是與地球的聯繫，人做為物種之一，首要解決的問題就是如何克服環境的困難而生存，因而必須擁有職業能力完成工作任務；二是與社群的聯繫，為了克服環境的威脅，人類彼此形成社群，因而必須建立友誼共同合作完成任務；三是與伴侶的聯繫，為了繁衍種族，人類因而結合為家庭生養後代。這三個聯繫架構起生活之網，人類存活於其中，為了完成三個生活任務，必然有許多困難要克服，許多威脅要解除，這需要多大的勇氣來完成。「鼓起勇氣面對挑戰」成為人完成任務的核心要素。

老師的責任就在於協助孩子將潛質施展出來，產生能力形成職涯取向；引導孩子與同伴合作完成任務；支持孩子尋找伴侶走向家庭。這些任務一項一項都是難關，孩子的成長過程總是處在威脅之下，不免覺得自卑。來自長者的鼓勵，是孩子克服自卑最重要的方法。鼓者，鼓舞鼓動，勵者，勉勵加力；鼓勵的英文encourage就是鼓起勇氣。孩子在成長過程中可能衰弱無力，可能害怕膽怯；老師陪在孩子身邊，看到他的弱與懼，在旁依著孩子的質與性，鼓舞他，提起勇氣往前行。

每位老師不妨想想自己曾經是個什麼樣的學生？自己曾經如何期待老師？把小時候的學生自己喚出來，與當時的老師對話，重新聊聊如果日子可以重來，我想要與老師說什麼，我希望老師如何對待我。重新整理之後，我們方才能貼近學生，從學生的觀點來感受這世界，從學生的視框來看看這世界，於是我們才能帶到學生的心，因而可以與他在一起。

為師者，如同暗夜中的一盞燈，但燈的位置不在他前面太遠，讓孩子在夜路上追不著而辛苦自棄；也不在孩子後面太遠，讓孩子看不清前面道路摸索惶惑；而是走在孩子前面一點點，陪著他，亦步亦趨，時前時後，觀照著、鼓勵著孩子。老師更要知曉，孩子的人生不是我們的人生，但會因為有我們而更閃亮。韓愈也說，「千里馬常有，而伯樂不常有。」千里馬是在被看到之後而得發揮。換言之，每個孩子內心都潛藏著一匹千里馬，等待被引導出來被調教與施展。最後韓愈說：「其真無馬耶？其真不知馬也。」一匹千里馬未被識出，不是千里馬的錯，而是老師之過。

老師們生存在這多元價值觀的社會中，也面臨許多困難，有很多挑戰要去克服，因而同樣地，伯樂自己也會自卑，自覺渺小，或是挫折無力。同樣的，我們也要如何鼓舞老師繼續前行，找到老師自己的優勢，體會師生關係中的美，鼓勵自己成為孩子生命中的伯樂，這是教師專業成長過程中必須完成的任務。

教師適性輔導營活動照片

教育現場經驗分享

系統性的陪伴

夏惠汶／開平餐飲學校創辦人
臺北市教育會理事長

前一陣子接待青島教育局官員來本校訪問，他們很用心很專注的在學校停留了兩天，離開的時候講了兩句話：「看到開平不隨波逐流又與時俱進。」、「開平的學生不是只會低頭拉車，還會抬頭看路。」

曾經有些記者很好奇，為什麼新加坡六大餐飲集團到台灣徵才，選定開平的畢業學生？我也不知道為什麼。但若一定要究其原因，或許是開平學生的特色「一言九頂」吧，主管說一句，孩子會頂九句。這是傳統教育不允許的，但開平是有條件的鼓勵孩子有這樣的膽識和能力。因為，要培養一個有創意的人才，總要提供自由開闊的空間和舞台任其發揮，才有可能。

無限大而有邊的界線

真實的舞台一定有長、寬、高的尺寸邊界，但是自由空間的舞台是抽象概念，要如何建構？所以搭建舞台是開平老師與行政夥伴共同努力的功課。首先我們給學生一個「無限大卻有邊」的校園生活與學習的範圍。大的邊界是入學前就約定清楚的，只有三個重要約定：一、不侵犯他人身體，以他人的感受決定。二、不吸毒販毒。三、不侵犯他人隱私及財務。開平取消了服裝儀容或對老師不敬的各項規定。讓孩子知道，只要不違反上述三個約定，在校園生活是自由自在的。

很多「大人」擔心，這樣孩子是否會一放不可收拾？我們用陪伴的機制來消弭疑慮，系統性的陪伴是開平幫助孩子成長和改變最重要的機制。一個老師要懂得「陪伴」，需要很長的時間培養，從耐著性子「傾聽」開始，不但要「聽到」，還要「聽懂」，進一步「聽懂弦外之音」。光是聽功就要培養一至三年。

我知道我是不知道的

孩子說話的時候，大人在聽的過程中，心中總是有很多OS，一旦心中有了OS，就沒有仔細在聽，只是在等孩子說完，甚至孩子還沒有說完就想插話反擊，這樣孩子可能就不想再多說了。比如，本校一位資深老師佩雯曾分享一次經驗。當時她在辦公室看到一位學生A氣急敗壞地衝進辦公室，之後是年輕的允薇老師聆聽孩子哭訴自己的委屈。

我好奇地走過去了解，想了解到底發生什麼事，A孩子提到，聽說班上一位同學B總愛拿他的私事開玩笑。當面質問時又發生爭吵，B不願意聽，並說以後不要再做朋友了。今天在課堂上，聽說B又說了一些不好聽的話，讓他很生氣也很委屈。

當時我想，這應該是一個很好機會，幫助孩子學習面對困擾解決困境，同時也是讓老師學習協助孩子處理關係的機會。於是當下與A分享老師自己在開平的學習經驗，要解決困擾，最好的方式就是直接與當事人對話釐清，不要因為自己的猜想，而陷入自己想像的悲情中。老師可以幫忙的是，陪伴他去與B一起對談。A冷靜下來答應與B相談，於是老師安排兩位學生直接對話。

兩個孩子開始對話，先釐清了影射的事件，雖然B澄清，說那些話時並沒有特別針對誰，但如果讓A不高興以後就不說了。但是，A不相信B的陳述。兩個學生開始翻過去開玩笑的舊帳。我傾聽時發現，孩子在開玩笑時忘了人我界限，玩笑開過了頭會讓人覺得被侵犯，就請雙方說出自己對朋友相處上的期待。

最後，A希望B不要再說他是gay，並拿這件事開他玩笑，也不要談及有損他名譽的事。當下B答應往後絕對不會再開玩笑了。結束了兩個人間的對話。

生活上的小問題，如果沒有處理好，可能會在關係發展上累積成很大的影響。在開平學習處理關係，就是要面對自己的困擾，有衝突就要與當事人面對面的釐清，然後再尋求繼續合作的可能。佩雯老師面對學生的抱怨，是帶著「我知道我是不知道的」的態度去聆聽，也就是暫時把自己的想法放在一旁，專心傾聽孩子的聲音，不要插話，沒有批判，沒有建議，就只是全心的聽。這要有很大的耐心和相信，相信孩子的聲音是有意義的，從孩子也許跳躍式、不合邏輯的聲音中，發現值得好奇的地方，帶著關心與愛，好奇地詢問自己所不了解的地方，當孩子發現大人是真心關心的好奇，就願意多說一些，也就能逐漸把跳躍或不邏輯的地方補充起來，大人就有機會了解孩子語言背後真正的涵義，也理解這些意義背後指導著孩子行為的信念價值觀。

從關係動力中產生第二序變

很多父母或老師總說，孩子有話都不說。其實，很多時候是大人沒有專心聽孩子說話，大人只想聽孩子說大人想聽的話語，不然就沒有耐心聽「童言童語」了。

開平的老師願意聽孩子說話，這是很花時間和能量的，忍住不說，更是非常耗能量的。當孩子願意說，又說了很多心裡的話，就是建構了信任的一大步，這時老師透過分享自己的經驗與故事來呼應孩子的故事，用「I message」的原則，也就是以「我」開頭分享自己的經驗，孩子聽完也許認同，也許不認同，都沒有關係，重點是透過分享的呼應，就能開啟對話空間。當孩子打開心房什麼都願意說，也願意聽的時候，在對話中就能建構或創造新的思維或新的觀念；一旦孩子有了新思維或新觀念，就會有不同於原來的新行為，不知不覺中讓孩子產生了第二序變。

以蝴蝶效應來說，學生一點點的改變，就可能會造成讓他自己或周圍關係產生很大的變化。花時間在源頭，幫助學生在觀念及信念價值觀上有一點點改變，比授課內容還重要。從傾聽、好奇的詢問、分享到開啟對話空間，涉及了聽功、問功、說功，以及建構對話平台的功夫。每一種功夫，都需要時間磨練，看似平常聊天一般，但背後都隱藏著深厚紮實的哲學理論和操作方法。每位老師進入開平，要受三個月的帶薪學習，從理論的學習、信念價值觀的理解、閱讀、討論、激辯，到是否認同。透過參與工作坊了解「關係動力」的系統結構和發展，以及可能會造成的現象和影響，在不斷地演練和摸索中，衝擊著傳統的信念價值觀，並非每一個人都能接受後現代的觀點，要從價值衝突中選擇取捨，是一個痛苦的過程。

學生們要面對的未來，一定有很多不可預測的現象，也許要從事一些現在還不存在的工作或職位，我們給他們的大人自己過去經驗中最好的部分，對孩子的未來不一定有用，我們教導過去科學的理論，不久的未來，那些理論可能就被推翻，與其強記學習那些過去的經驗和理論，不如只要知道有這些學問論述，當需要的時候可以找到，消化吸收統整後能夠運用，才是最重要的。因此，如何尋找資訊、如何運用資訊才是重要的。但是，在尋找和運用之前，得先決定要尋找什麼？尋找之後要做什麼？易經說「原始反終」，現代的說法是「以終為始」，知道自己想變成什麼樣子，再去找自己需要的資訊，組合運用找到的資訊達成自己想要的樣子。

培養能服務人群的達人

開平不談菁英，但我們培養達人。有人以為「達人」似乎是從日本流傳過來，常聽聞所謂釣魚達人、壽司達人，其實，達人是源自於〈莊子．達生篇〉，只是禮失流諸野，反而從日本傳入。達人是指一個人追求自己的興趣，不斷自我要求提升，即使達到頂點還想再提升，就會如易經井卦說的「一門深入」、「掘井臨泉」，當一門深入的時候，就只會低頭拉車，到掘井臨泉的時候，就懂得抬頭看路。挖井挖到一半，就只能以井觀天、眼光如豆，一旦挖到水脈，就能與世界相通。當學問或技術達到極致，就會發現任何知識與技術都是為了服務人群，不能服務人群的知識與技術就毫無意義。

原來人類是互為主體且相互依存的，在生命的底層是感應匯通的。如何理解自己？如何理解他人？如何不委屈自己又能與他人合作共創未來是重要的，這也就是建構良好的人際關係。達人站在技藝的頂點，當理解相互依存、感應匯通，就會更謙虛地不斷自我要求、自我精進，就會有新的創造，對人群有新的貢獻。這就是開平相信孩子未來會追求的方向。

教育現場經驗分享

任何孩子都可以學得不錯

李家同／總統府資政
清華大學榮譽講座教授

我們國家的教育制度一直有雙峰現象，一些孩子學得相當不錯，有些孩子卻程度差得驚人，對於很多教育學者而言，這是很自然的現象，似乎不值得特別的注意，也不值得加以研究。我曾經和很多城市裡的小學老師聊天，他們往往對偏遠地區的老師表示同情，認為偏遠地區的孩子們是天生不愛念書的，又喜愛爬樹和游泳，怎麼教得好？我完全不能同意他們認定某一種族群的孩子一定不會可能書的刻板印象。

不久前，我去新竹縣一所非常偏遠的小學，那裡的孩子正在接受博幼基金會的課業輔導，我先去了一間教室，裡面有十位小學五年級的孩子在做英文練習。令我十分高興的是，那些孩子的英文程度非常好，有一位的英文句子不僅用了現在進行式，也會用過去式；尤其令我感到驚異的是，她會否定語氣和問句。另一間教室是小學三、四年級的孩子，他們也認識不少英文文字，能夠字正腔圓地念很多英文句子，當然也懂得這些句子的意義。

前些日子，我去竹東看博幼的課輔情形，令我十分感動的是，一間教室裡的小六學生，個個都會正確地造過去式的英文句子。舉例來說，我問「我昨天打籃球」，他一定會用「played」，我問「我昨天沒有打籃球」，他們都會說「I didn't play.」，我甚至問他們「I did not went」錯在哪裡，他們說「did」的後面一定要跟原式。博幼多採用簡單的英文教材，這本教材循序漸進地闡明英文文法規則，而且都有中文解釋。舉例來說，我們一開始就要孩子知道「I am」、「You are」、「He is」等等，這些都是最基本的，可也是很多孩子一輩子都弄不對的玩意兒。因為裡面有中文解釋，孩子們很容易就接受了這些基本觀念。

孩子的學習能力，取決於兩個因素：天資和背景知識。我們的教育界幾乎完全忽略了孩子天資的不同問題。不同天資的孩子們在同一班上課，用同一種課本，同一進度，同一份考試卷，難怪有孩子的數學永遠在三十分以下，也有大批孩子的英文永遠不及格。在同一個班上，同學的背景程度可能完全不同，有些孩子到了小五，仍然不會減法；好多孩子在國中，其實不會做分數的加減乘除。我們必須知道有些孩子是學不會「現在完成式」的，也有很多孩子根本學不會「代數」。

我不同意孩子不用功，乃是他自己不上進。我的想法是，孩子如果上課聽得懂，當然會用功。如果孩子上課時完全是鴨子聽雷，根本無從用功起。但他們是我們的孩子，我們就不能放棄他們，一定要找到方法來教這些孩子。將所有的孩子都教得不錯，唯一的辦法就是因材施教、適性教育。知道學生的程度基準點，從基準點教起；知道學生能夠學什麼，只教學生學得會的東西。

要打好孩子的基礎，就必須有好的檢測方法。透過檢測，我們可以知道孩子的程度在哪裡，就從那裡教起。有些小五的學生還不會整數的減法，就必須教他整數的減法，絕不放棄任何一位學生，絕對因材施教。因材施教是我國最古老而最有效的教育方法，先前提到的那所偏遠小學，小五、小六的同學有十位，可是英文練習卷卻有五種之多，這充分顯示了老師知道每位同學的程度。

人人都喜歡受到鼓勵的，孩子們更需要鼓勵。很多學校都有獎勵制度，可是獎勵制度往往只給功課非常好的同學，博幼基金會的獎勵制度相當特別，只要通過某種檢測，就會拿到一紙證明，上面會有我的親筆簽名。舉例來說，如果孩子學會了八十個英文生字，可以拿到證明，如果學會了現在式，也會簡單的否定句和問句（都是現在式），也可以拿到證明。如果學會了負數，也可以拿到證明。所以我們絕大多數同學都拿到了一些證明。

我們也實施品質管制，所謂品質管制，當然不是要孩子留級，而是要知道他們進步了沒有，因為有上述的證明制度，我們的電腦資料庫中，記錄了每一位同學通過檢測的狀況，如果有一個孩子一直沒有進步，那個地區的督導必須要向我解釋為何如此。

孩子不是天生就喜歡唸書的，他們都喜愛爬樹和游泳，但如果孩子跟得上程度，當然就不會討厭上課了。我最引以為傲的就是，博幼基金會所採用的因材施教的方法，使得我們孩子都有某種程度的成就感。誰不希望自己功課好一點呢？在過去，他們幾乎覺得自己毫無希望，現在他們知道自己的學問在與日俱增之中，當然不會放棄念書了。只要從基本教起，任何孩子都可以學得不錯的。

因此，我認為國家的教育政策應該是全域教育的政策，所謂全域教育，就是將所有的孩子至少教會最基本的能力。這並不表示我們會忽略菁英教育，但是一定要保證孩子們全部都學會了最基本的學問。

要達成這個目的，我有幾個建議，這些建議都是絕對可行的：

第一階段只管小學教育，因為如果小學生的基本能力夠了，他們就可以念國中，反過來說，如果小學生根本沒有基本能力，念國中甚至高中、大學，完全在浪費時間。

第二階段要保證學生有一定的最基本程度，必須由政府明確宣示這個政策，而且要有測驗的機制。因為我們所要求的是最基本的知識，老師沒有理由做不到，當然學生如果屬於有學習障礙的，應該是例外。

第三，偏鄉的英文老師可能不夠，即使政府增加偏鄉的英文老師，也可能無濟於事。因為這些老師常常志不在偏鄉，政府不妨和博幼基金會聯絡。博幼基金會在偏鄉教當地的孩子是用當地的家長們，這些家長多半不會離開。我們的做法是，先由一批種子老師下鄉去教，家長們學好英文以後，就可以教小學生英文。這些老師不算是學校正式的老師，因此政府的支出也會很小。但是利用了這些老師以後，可以使得所有的偏鄉學校，每一個學生一週至少可以上三節英文課。

第四，所有的考試都有A卷和B卷的做法。A卷乃是最基本的，B卷則是可以有難題。政府要讓學校務必使學生都能夠通過A卷的測驗，尤其在未來的十二年國教會考題目中，務必要加入最基本的題目。所謂最基本的題目，是幾乎人人都該會做的題目。如果學生會做這些題目，他就會有成就感，也會有自信心。我們國家目前的考試，其實只考難題，最基本的題目從來沒出現在考卷中，以至於很多學生會寫出They is和I has的句子。

我認為這種教育政策一定會讓全國的小學生都擁有最基本的能力，也可以使很多同學對念書會有興趣，而且有信心。

四、適性學習

在學校開授各類適性選修課程後，學生即可依其性向、興趣與能力，選修適合的科目學習。在學習的過程中，我們可將適性學習視為一閉迴路系統。

目標的確定與訂定學習計畫

首先，學習一定要有目標，這個目標可以很具體，例如要考上某大學，也可以比較模糊，例如要成為一個好廚師。目標就好像一盞燈，引領學習的進程。要如何訂定呢？在前面討論適性探索的過程中，孩子曾依自己的需求與夢想，訂定達到自我期許的圓夢計畫，這裡的學習目標要配合該計畫來擬定，不能太高，但也不能太低，要有挑戰性，才能激發潛能。

有了目標，就要有達成目標的策略，第一步就是要擬定學習計畫，內容包括材料、時間、進度、方式、環境等，分述如下：

材料：要彙集達成目標所需要的材料（如教科書），才能做整體的規劃。例如，準備學測就要將高一及高二的五科教科書都先找出來。準備指考則要找出選考科目的教科書，然後做好分類，哪些比較熟悉，哪些需要再花時間了解，都要有全盤的認知。

時間：材料彙整之後，即可依照了解程度進行時間的配置。但是否比較不懂的內容一定要安排比較多的時間呢？未必皆然。如果資源有限，還必須要考量競爭對手的狀況。以準備學測為例，第一類組（文法）的學生如果因為數學太差，花太多時間準備數學，但效果有限，反而語文考科落後了同樣要爭取文法科系

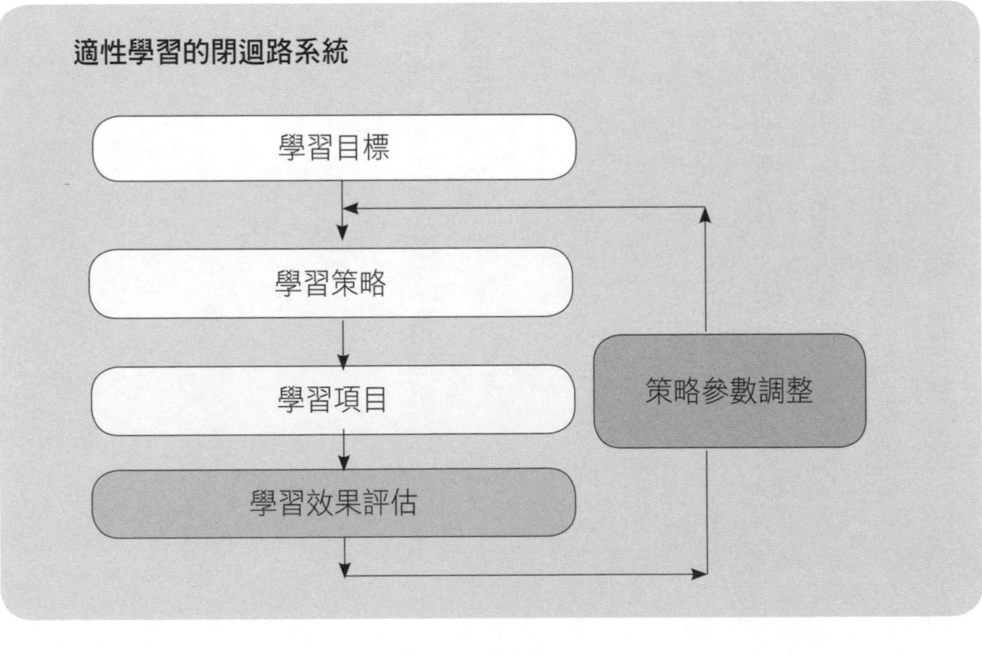

的學生，甚至可能達不到那些科系所要求的頂標。時間的配置應依目標的特性及自己的狀況調整，在當前的多元入學制度下，要先把握住自己的強項，再將時間分配到比較弱的科目上。

進度：學習的時間有限，必須做好進度控管。不要發生當要上場的時候，突然發現有一些材料來不及準備的狀況。如果是在準備考試，台大化工系呂宗昕教授提出了「一又四分之三複習理論」，認為材料要讀三遍才能將知識化為考試得分的能力，但不是每一遍都花同樣的時間，如能做好整理及畫重點，第二遍讀的時候只要花第一遍一半的時間，而第三遍讀的時候只要再花第二遍一半的時間，因此加起來是一又四分之三。要落實這個做法，就要規劃好進度，並依進度學習。

方式：學習的方式有很多種，要依自己的狀況善用自己的身體與感官學習，也就是要眼到、耳到、心到、口到、手到、腳到。眼到是要視思明；耳到是要聽思聰；心到是要專心，不能思援弓擢而射之；口到則是要口誦心惟或疑思問；手到是要動手操作或是多做練習；腳到則強調行動的重要，要多看、多聽、多體驗。對於音樂智能較強的學生，可以多採耳到的方式學習。對於肢體運作智能較強的學生，可以多採手到或腳到的方式。

環境：學習環境的選擇也很重要，有的學生喜歡在圖書館讀書，有的喜歡在教室讀書。有的學生喜歡自己一個人讀，有的喜歡一群人一起讀。沒有一個環境適合所有人，學習環境也要適性，才能達到最好的學習效果。

訂定計畫最重要的意義，在於經過系統化的分析後可以掌握全局。在將上述的五元素納入學習計畫之後，就可依計畫學習。但計畫不能訂得太難以執行，否則沒多久就做不下去。計畫也不是不能改變，學習的閉迴路規劃就是要強調計畫的動態與可調整性。

如何調整計畫或策略

學生將學習策略運用在學習項目後，就要進行學習效果的評估。這個評估可以由學生自己或老師協助來做適性評量。有效的評估可以讓學生知道自己的學習狀況，以及可以改善的策略，學生即可據以調整學習的材料、時間、進度、方式、環境等元素，經由回饋機制修改計畫及策略，實現閉迴路動態系統的功能。

除了自我適性學習外，學校應鼓勵並協助學生訂定目標與學習計畫、建立自我學習履歷、主動設計與規劃自己的課表，並經常審視學生的學習狀況，以組合出有特色的適性學習進路。學生可在了解自我的強勢及弱勢智能後，依目標選擇最適合的方式學習。

在網路發達以後，各類線上數位學習的課程大幅增加，提供了更多適性學習的機會。現在全世界已有許多大規模的網路免費公開課程，例如由美國史丹佛大學幾位教授所開發的Coursera及美國麻省理工學院、哈佛大學教授設計的edX，都是可以參考使用的數位適性學習系統。有些系統可以針對學生的反應，評量學習狀況，自動調整教學的內容或進度，實現一對一的適性教學與學習模式。

網路世代的孩子接受資訊的習慣與方式已不同於上一代，「太陽花學運」之所以可以那麼快就號召上萬人，網路的發達是重要因素，現在的學習文化已與過去不同。學校要多借重網路及數位科技，提供學生多元適性學習的機會。教師則可發展適合台灣學生的數位學習課程，藉由數位學習介面，不斷評估學生的學習效果，並調整教學方式，針對每個學生量身打造一套適性學習的環境。

教育現場經驗分享

讓學生走出自己的精采

張啟隆／康橋雙語學校總校長

適性教育的基本精神是要依據學生的特質與需求，提供最適合的學習內容與方式。其中涵蓋兩個層面，一是協助學生探索自己的興趣和志向；二是提供差異化的學習環境與內容。以往中學階段的學習，過度專注在升學考試上，不僅學習內容一致，學習模式也很單調，孩子沒什麼機會好好探索自己的性向，即使知道興趣所在，也不見得能有機會持續學習發展。康橋是十二年一貫學制的雙語學校，多數孩子免除了國中升學壓力，在學校的課程規劃下，可以多元的探索，找出最適合自己的學習方向。

多元升學管道及輔導機制

在廣設高中大學後，國內無論高中或高職的升學管道其實已相當暢通，然而對於有志於申請國外大學就讀的學生來說，一般高中職卻難以提供專屬的課程和輔導機制。康橋於設校之初便已確立國際化辦學目標，除了提供一貫的雙語教學外，同時提供完整的國內和國外升學課程，讓學生依據其未來志向選擇需要的學習內容。

康橋在國高中階段分立「中學部」與「國際部」，兩部皆包含七到十二年級學生，分別提供國內中學課程與國外中學課程。學生第一次分流選擇在七年級入學時，未能確定志向者，安排先就讀中學部國內課程。升九年級時，進行第二次分流，這時大多學生都已能明確訂定升學方向。同時提供SAT、TOEFL、GEPT等相關測驗的學習課程與資源，安排各種菁英活動與志工服務學習機會，豐富學生的學習內容。也因應國內外大學入學申請方式的差異，分設兩組升學輔導人員，建立兩套輔導機制，從高中階段便開始關注每位學生的學習狀態與發展性向，以便在高三申請大學時，提供個別化的輔導協助，讓學生能順利申請理想中的大學科系。

學科實施分組教學

每位學生的學習能力有所差異，尤其到了國高中階段，學生的學習性向愈來愈明顯，表現在不同學科的學習成效往往會有不同。一般高中除了特殊班級外，同一科目的學習進度與方式都是一致的，很容易造成部分學生學習落後，甚至放棄該學科的問題。實務上完全的差異化教學很難做到，但康橋為了在課程上盡可能提供差異化學習的機會，在部分科目上依照學生學習能力與進度不同，實施分組教學。

全校英文分組教學：康橋所有學生從小學至高中都實施英文分組教學。將同年級學生分成三至六級，採小班制教學。學校針對不同英文能力學生，設計適當的英文課程深度和廣度，讓學生能依照其英文程度學習，在自己的軌道上持續進步，達到最好的學習效果。

國高中部分學科分組教學：除了英文以外，國高中階段部分學科也採取分組教學，包括數學、國文及理化等。因分組班級人數較少，且學習進度相近，老師可以規劃適切的學習進度和教學方法；對學得快的學生可加深加廣，對理解慢的學生則給予更多說明和練習的機會，讓不同程度的學生都可獲得成就感，並達到學習目標。

角落教學：分組教學雖能提高學習成效，但難免有不足之處。因此又設計了「角落教學」制度，學生可向學校提出申請，安排該科任教老師利用午間或課後時間，針對無法有效學習的單元，給予一對一的補救教學，即時解決學習問題。

全校游泳分級教學：游泳教學是康橋重要的校本課程，自小學一年級開始實施每週二節游泳課，四季不斷。學校訂有完整一貫的游泳分級制度，以泳帽顏色區分級別，讓授課老師可輕易辨別。即使每位學生對游泳運動的擅長程度不同，仍可在兩校區共二十三位專業游泳教師的分組教學下，快速提升泳技。加上每學期定期的游泳技能檢測和長泳檢測，學生有明確的分級挑戰目標，更能激勵學生認真學習。

自主學習與多元評量

傳統單向講述的教學方式，以及完全紙筆測驗的評量，往往抹煞了學生的學習與趣，壓抑學生的創造力和思考力，因此康橋積極調整課程與教學，嘗試給予學生更自主和多元的學習方法。比如，小學以「青山Time」做為自主學習的啟蒙，每年學生要自己設定研究主題，由老師引導研究方法和進度，學生自己完成研究探索過程，學校則於期末安排成果發表，邀請家長參加，讓每位學生在自己的海報前，勇敢地向老師家長說明他們的研究成果。由於「青山Time」的研究主題完全由學生自己探尋和決定，內容包括自然、社會、藝術、體育、家政以及科技等等，讓孩子有充分試探空間，慢慢找出自己的興趣專長。到了國高中階段，則將自主學習轉化為「專題研究」、「科展」等方式，引導學生繼續學習更嚴謹的研究方法，發展更完整的蒐集、分析、判斷與表達能力。

多元才藝的探索與維持

從小學階段即成立數十種的藝文社團，包括各類樂器、舞蹈、合唱、戲劇、民俗技藝等，讓學生在校內便可試探不同的才藝學習。到了國高中階段，學校更實施每週二節的「一人一才藝」課程，每位學生都需要在藝術人文領域選修一項才藝課程，由學校聘請校外專業師資來授課，不僅可以延續小學的才藝學習，也可以繼續試探發展其他才藝項目。而學校也會利用各種機會，創造表演舞台，讓學生展現學習成果，藉以培養他們的自信和表現力。

有別於高職或特殊實驗學校，康橋在普通高中的本質上追求適性教育的實踐，除了讓學生有足夠的自我探索，並能持續在自己的興趣上學習，即使各自的學習歷程不同，最後都能在學校的協助下，透過不同的管道，朝向理想的大學邁進。

立足鄉土，接軌國際

簡邑容／臺北市老松國小校長

朝迎晨曦，輕快的步伐中，有渴望學習的印記；
暮送夕陽，充實的學習裏，有掬滿感動的共鳴。
看著孩子漾滿愉悅的笑容，與奮細訴驚豔的共鳴與感動。
教育的可愛就是用心深耕，一點一滴的希望工程。

把「把孩子帶上來，讓家長走進來，帶學校走出去」，是現代學校經營的思考策略。教育思惟與作為雖有不同派典，然而適性教育的重要與實施成效，著實關係著學校教育辦學成效的關鍵，如果能結合優質教學情境資源，融入教學活動設計，不僅可提升多元學習內涵，更可激勵學生學習動機與興趣，同時兼顧個別化、差異化、適性化教學的效益，相信對激發學生學習力、閱讀力、移動力等應有極大助益。

老松國小是一所歷史相當悠久的學校，民國前十六年（一八九六年）由日本人所創建，迄今已有一百一十八年的校史，歷年畢業校友、退休教師眾多，擁有相當豐沛的人力資源庫，是學校一個相當大的優勢。老松國小在萬華區也是一間大家擁有兒時記趣、共同回憶的母校，祖孫三代、四代同讀老松的例子，比比皆是，因此學校成為社區居民凝聚情感的精神堡壘，情牽大家共同的美好回憶，創校至今深受萬華居民的支持、認同與肯定。

但老舊社區除了經濟的弱勢，年輕人口的外移也是另一個迫切必須面對的困境，近年來台灣社會生育率大幅減少，少子化已是社會的普遍現象，以本校而言，五〇年代曾經是全世界最大的小學，學生上萬人，八〇年代全校還有六十班，學生數三千多人，然而到了九〇年代則遽降至四十班，學生數約只一千人，直至現今，已剩不到七百名學生在校園活動。少子化是時代趨勢，老松國小學區是一老舊社區，學童數逐年減少，學校因減班而增加空餘教室，因此如何規劃閒置空間，提供學童多元學習機會，是學校積極思考的方向；而台北市鄉土教育中心、台北市萬華區英語情境中心、台北市萬華區樂齡學習中心、及台北市教師研習中心西區外辦教室的設置，就是為學習再創生機最佳的規劃。

在家長方面，學校積極成立班親會、健全家長會組織、辦理各種親職教育活動、鼓勵家長、社區居民投入校園義工行列，引導家長走入校園，逐步建立家長是「教育合夥人」的觀念，促發與家長之間良善的夥伴互惠關係。

在社區方面，學校除了建置完整的社區資料庫，暢通互通管道外，也積極運用社區豐富資源，融入教學，增加學生學習的深度與廣度。秉持著「學校與社區共存共榮的理念」，學校也提供校園空間設施、人力與構想、文化與軟體與社區居民共享資源。我們期望學校、家長、社區三方面攜手合作，共同打造優質的學習環境，發揮加乘的教育效果。

在學生學習方面，教育改革的潮流風起雲湧，我們不能獨外於社會變遷的改革腳步，有鑑於此，針對主題課程納入適合課程計畫教學活動中，逐步建立學年教學特色，並豐富課程內涵，積極符應社會的脈動。此外，兒童時期是潛在學習能力最強的時候，一個小小的興趣充滿著無限的契機，或許就此發現自己的另一種未來。所以多元社團的開設，是這幾年讓孩子們豐富學習的另一種選擇。為了讓孩子增加學習的機會，也體驗不同的學習樂趣，我們增加了很多有趣的社團活動，音樂性的社團如十鼓隊、管樂、弦樂、陶笛等；運動性社團如國術、游泳、足球、籃球、羽球、熱舞、扯鈴、直排輪、跆拳道、童軍團等；靜態社團如書法、圍棋、寫作、創意黏土、創意烘培、童話創作等等。真心希望孩子們在各個體驗活動中，發現自己的興趣與學習的樂趣，進而在活動中學習團隊合作、耐力與毅力，來更豐厚自己的小學學習生涯。

另外，配合台北市政府教育局的台北市國民小學增置英語情境中心三年計畫，本校選定「以文化立足傳統、用體驗接軌國際」為主題，來規劃建置英語情境中心；以萬華區雄厚的文化軟實力與貼近學生生活經驗為基石，期能在既有的雙語教育環境基礎上，進行體驗學習促進英語教學成效，並達成融合全球教育理念培養世界觀的世界公民，讓孩子擁有優質愉悅的學習環境，進而建構永續發展的優質校園。所以在英語情境中心規劃上，我們也融入了「鄉土」與「資訊」的特色；有別於他校的國際機場與高鐵捷運，我們是以「火車遊台灣」為主軸，透過在地英語化的學習情境，進而認識全世界的古蹟名勝。整體的規劃設計透過英文學習的「聽、說、讀、寫」等四種需求，來帶領孩子融合歷史文化體驗並進而學習資訊素養，建立宏觀國際理念，奠定接軌世界的良好基礎。

在歷史傳承的關鍵時刻，以老松國小英語情境中心再創教育的發展契機，引領課程專業發展，深耕鄉土與英語特色，追求專業精進的教育品質，期待為萬華區及台北市的孩子們開創更適性多元的發展。

家長經驗分享

適性教育在我家

鄭松吉／臺北市立大同高中家長會前副會長

我有兩個小孩，順序是兒子、女兒。兒子很小就被送去教會的托兒所就讀，很幸運地，因為托兒所園長剛從美國留學回來，對小孩的感覺統合問題相當了解；托兒所透過一些活動與觀察，發現到我兒子有問題；園長建議我們帶小孩去檢查和做職能治療。於是我們送孩子去做檢查和自費一對一的職能治療，一共做了兩年。

在這期間為了讓孩子有多一點的觸覺刺激，就讓他玩陶土。當初的構想原本要帶他去陶藝教室，但因為教室和店面在一起，怕他打破店家作品，而改成由我去學，再回家教他。接觸到陶藝後，我才發現，原來藝術創作是我的強項。四十三歲這一年，我才知道自己適合的行業竟然是藝術創作；難怪我在做過的工作中都是領頭羊，但卻沒有什麼工作樂趣和成就感。這一年我購買了相關設備，成立了陶藝工作室。幾年後，因為工作上和孩子的問題，無法專心創作而結束掉工作室，並將它規劃為退休後的第二事業。

兒子自幼就喜歡生物，尤其是昆蟲。他從幼稚園到低年級都是班上的昆蟲小博士，家中整個客廳一箱箱全都是他所養的昆蟲。到了中年級時，我們發現他對寫字、認字有些障礙，身上也有很多亞斯伯格症的特質出現。孩子由於無法承受大量書寫作業，因而恐懼任何和書寫有關的學習，也常常因為造句中有字不會寫（又不告訴你哪一個字）就槓在那裏，常為了功課弄到親子關係非常緊張。幾經事後自我反省，我覺得「逼」只會讓孩子對學習更沒動機更加討厭而已。

記得有一次他被鍬形蟲夾到手，我心疼想幫他（扳不開就用鉗子剪，這是我的想法），但他很生氣，叫我離遠一點，說我靠近他，才害他被夾得更痛，他說只要讓鍬形蟲不覺得受到威脅就會鬆開。「順其性」，這著實讓我上了一課。

到了高年級我們讓他加入了學校的田徑隊，因為他在課業上的低成就，已經造成了自信心的嚴重缺乏。在田徑隊裡他雖非主將，但是因為跑步速度隨著訓練而進步，這讓他重拾了自信，也快樂的過完小學階段。

國小畢業典禮後，孩子興沖沖地回來說想要報考籃球隊。我知道他不是塊料，因為他的身體協調性很差，不過我還是讓他去嘗試。事後看他失望的樣子實在有點不捨，後來就在媽媽幫他繳完國一上學期整學期的補習費後，當晚另一所國中體育組長來電詢問，是否願意讓孩子報考體育班；當下夫妻倆意見並不相同，媽媽擔心青春期的他讀體育班會學壞。但最後我們還是尊重孩子的選擇，經過報名、考試，他終於如願進入體育班就讀。不過我們夫妻還是和他約法三章，只要行為不檢點立刻轉回普通班。

孩子為了留在體育班，不但熬過艱苦的訓練階段，還一路都很潔身自愛，讓我們頗感安慰。兒子就讀體育班後，發現班上不少同學的家庭有狀況，這讓他發現自己是幸福的，所以變得更能照顧妹妹、分擔家事、體恤父母。孩子讀體育班期間，只要有比賽我都會去為他加油、錄影，就算賽事遠在台東，我也不缺席。由於有興趣肯苦練，國三那年他得到台北市的鐵餅金牌，全中運的第八名。在為他加油時，我常會覺得心很酸、很捨不得，這不是因為我兒子而是為了其他的孩子；我發現在比賽場地幾乎看不到其他家長，孩子有能力參加全國性的競賽難道不值得為他加油、喝采嗎？孩子是需要被肯定的，無怪乎他們會用羨慕的眼神看著我和孩子。

升高中，孩子很幸運地進入了台北市大同高中體育班，這是一所很尊重學生和關懷學生的學校，那三年讓他對自己更有自信，笑容也變得更燦爛，加上從國中開始，不論是校內辦活動或北市主辦體育競賽，他都經常被派去當服務員，這些磨練讓他從原本協調不好、待人處事應變不快的孩子脫胎換骨成另一個人。記得他小時候，全家去餐廳吃飯，叫他自己去和服務人員說要加點菜，他總是槓在那裏怎樣也不肯去，最後都由妹妹代勞。到了高中，有一次擔任國際田徑賽工作人員的時候，只有他敢拿鞋子（腳上的）去找奧運金牌選手要簽名；很多學長姊不敢去，都找他幫忙去要簽名。這期間改變之大連我都感到很吃驚。

他高中畢業時，我怕他將來生計困難，鼓勵他念冷凍空調，他也真的經由體育生的管道去報考某技術學院並獲高分錄取。但在高中帶他三年的張教練，勸他不要放棄體育這條路，教練認為體育也有無限可能。所以孩子回來對我們表明想念體育大學，這著實讓我們夫妻內心相當掙扎。後來我特地跑去拜訪教練，請問教練的看法和念體育出路的相關問題，最後決定尊重孩子的選擇，而他也順利考進台北市立大學的陸上運動學系。

鐵餅在台灣是冷門的體育項目，孩子練鐵餅，父母擔心出路問題是正常的，但是孩子把小時候喜歡生物和後來的體育合併去做思維，而想朝運動傷害防護的領域發展。經過了解，原來體育發展出去的相關領域是那麼多元而豐富。

我女兒從小就很資優，積極、自主性強，幾乎不需要我們操煩。二年級時經鑑定進了資優班。學校考試即使沒準備也能考九十分以上。然而，在三年級時卻被確診為癲癇患者，在經過幾次大發作後，開始了她最混亂的四年。短暫記憶能力退步、自信心喪失、注意力不集中，因服癲癇藥所以寫字、做精細手工時手會抖。

到了國中時，識字量只有小學中年級程度，最後以學習障礙身分接受特教輔導。我們曾經看到她在月考前，在家裡拿著書邊看邊哭且喃喃自語道：「讀也沒用反正明天就會忘光光。」原本聰明伶俐的孩子因為疾病而被迫必須屈就於現況，去面對原來做得很好，現在卻怎麼也達不到六十分的人生窘境；從想學什麼都可以有好成果，到變成常常因為能力問題而換項目。這些困擾導致她日漸憂鬱，而讓我們不得不帶她去看心智科。孩子得了癲癇疾病，這對我們夫妻來說，打擊之重實在是到了難以承受的地步。

雖然我們是基督徒，也知道凡事皆出於上帝，但心中還是難免埋怨，埋怨為什麼這事會發生在我們身上。直到我目睹了一些景象，這才改變了我的想法。有一天，我帶著女兒到醫院診間候診時，看到了其他癲癇患者發病的情況，有一位大約十五、六歲的男孩坐著輪椅被推了進來，身旁有三、四個家人陪同著。這個孩子因癲癇的折磨已全身變形，無法自主活動，智能很明顯看得出有些問題。他唯一不缺乏的是，家人的愛與永不放棄。

另一天，我又看到一位新生兒，因癲癇發作而身軀變形，並因呼吸困難發出痛苦的聲音，和他那新手父母慌張無措的模樣。這讓我想起女兒發作時的情景，和當時無助的感覺。這是一場震撼教育，把我給驚醒過來，別人斷手斷腳都沒叫一聲，我們只是擦破皮卻在哀號不止（因為我的孩子經服藥控制後已逐漸好轉），於是心中的「埋怨」頓時被「感恩」所取代。埋怨並不能解決問題，勇於面對才是應有的態度；只要我們決心朝著孩子較優勢的能力去啟發她，必能有所成。

於是我們選擇從孩子藝能科學習來切入，中年級時，我們讓她學兒童美術、學桌球、並參加桌球校隊，後來因為孩子不能太勞累而退出校隊，不過還是持續請教練教她打球。高年級學習豎笛、素描。到了國二開始朝著考音樂班而努力。孩子的豎笛學得很好，但是考音樂班需要副修鋼琴和樂理這兩項，這讓她很困擾，閱讀複雜的鋼琴譜和樂理對她而言非常困難，加上國二才從零開始學鋼琴根本來不及，最後只好放棄。

國中畢業，經過和孩子討論後決定就讀家政科，並把服裝製作做為主要項目，因為空間圖形是孩子的強項，可以朝服裝設計領域去發展。不過才高一，孩子的服裝製作就死當，最大原因是動作慢造成對自己的能力沒信心，缺乏自信心一直都是孩子最大的問題。我們夫妻很愛爬山，每次在登山過程中，愈是疲憊就愈是要鼓勵自己不能放棄，所以我們夫妻就把登山精神用在教育孩子身上，從來不管她考幾分，只要進步就投其所好的鼓勵。

高二開始，孩子一週得上三次服裝製作課，一次是高二課程，一次是重補修，另一次則是資源班課程（學習障礙的補救課程）。因練習強度夠，把她的能力推升，也展現了出來，這同時也重振了她的自信心，去參加檢定拿到了證照。

不過事後孩子還是告訴我，她的終極目標是要做個漫畫家。在台灣的大學裡並無漫畫這個科系，所以她想要去日本學。我們為了表明對她的支持決心，特地買了一隻透明大豬，將每天剩下的零錢投入（常由她自己投），做為留學的基金。這樣一方面可以讓孩子看到爸媽的支持，另一方面也可以砥礪她的決心。

回歸現實面，我把我的陶藝工作室創作期間的經驗告訴她，從事藝術創作工作初期會很辛苦，可能三餐都會有問題，騎著馬找馬才是明智的做法。她可以把服裝設計的工作做為跳板，以累積追求夢想的資源。

適性教育是需要大家共同支持和實踐的。就個人來說，年紀愈小開始會愈好，不要害怕孩子一再轉換跑道。孩子在選擇目標時，常會是先以喜歡與否來做決定，而不是適合與否。如果孩子太堅持時，就放手讓他試試看，成功失敗都是人生路上的一種學習，父母只需要陪伴、鼓勵或為他們喝采即可，一再的嘗試才會讓孩子更清楚自己真正的需求。

就社會層面而言，我深信這個社會是共榮、共衰的。若高成就的人不能對低成就的人伸出援手，當你要享受努力成果時，就會有買好車怕被偷；住豪宅怕被搶的困境。只能將自己封閉在特定範圍內孤芳自賞。很多孩子都是輸在家庭的功能上，對他們多些關懷，盡力提供他們適性探索的機會，讓學習能更貼近他們的優勢與興趣，進而讓學習更充滿活力；如此才能讓他們有機會從受教育的過程中，找到贏回人生的機會，共同營造社會的共榮。

五、適性分流

適性教育是希望每一個孩子都能在適合的時間、適合的地方、與適合的人、學適合的事與物。前面談了許多個人及學校的做法，那大環境要如何配合呢？在工業發達的德國，如果孩子在十歲時已有特定的興趣與性向，就可以進行分流，同年齡的學生進入技職與學術體系的比例差不多是7：3。台灣的狀況是如何呢？

教育環境與學用落差問題的關聯

台大政法中心日前公布了一項統計數據彙整的結果，自民國八十三年410教改以來，在廣設大學教育政策的推動下，台灣的大學畢業生人數在民國七十三年約二萬八千人，到民國八十八年突破十萬人，再於民國九十三年超過二十萬人，近幾年則在二十三萬人上下振盪。大學畢業生人數占同年齡全國總人數的百分比，則由民國七十三年的8.4%，一路攀升到民國一〇二年的70%，大學生滿街跑早已成為事實。

如果大學的宗旨仍如大學法中所訂的：「大學以研究學術，培育人才，提升文化，服務社會，促進國家發展為宗旨。」全國現已有七成學生走學術路線，我們國家的人力需求是均衡的嗎？從勞委會的資料，我們可推估，全台灣適合大學畢業生的工作不到四成。以製造業為例，在總數約兩百萬人的基層技術工及勞力工、機械設備操作及組裝人員、技術員及助理專業人員、專業人員（工程師）中，大學畢業生所適合發揮的工作是工程師或技術員，但其從業人數不到六十萬人，占製造業總從業人數的比例不到三成。

類似的狀況亦發生在服務業，在總數約四百萬人的服務業從業人員中，適合大學畢業生所從事的工作機會不到四成。因此，許多大學生畢業後找不到適合的工作，只好屈就於作業員或服務工作人員。

在勞委會的統計資料中，我們可找到大學畢業生在各類製造業的平均起薪資料，原本大學畢業應從事工程師或技術員的工作，但現在已有許多大學畢業生在生活壓力下只有退而求其次，不得不接受操作及組裝人員的工作，平均起薪約二萬四千五百元，但起薪僅二萬二千元的也大有人在，這就可以解釋大學學歷貶值的現象。

在另一方面，台灣的產業技術過去十年來沒有太大的提升，人力需求最多的仍是操作及組裝人員或勞力工，但過去提供該類人員的技職體系已被弱化，強調應用科技的專科（五專、二專、三專）畢業人數，從民國八十八年的近十三萬人，一路下降到民國一〇二年的不到二萬人。依據監察院的調查報告，高職畢業生則有超過八成繼續升學，因此造成了嚴重的學用落差問題。

教育是為了準備生活，如果畢業生找不到適合的工作，就表示教育出了問題。適性教育是要讓孩子都能適性學習與成長，但如果大環境不能配合就很難落實。如果大家仍抱持著「唯有讀書高」的心態，以為學術路線是最佳的選擇，都要進入大學，政府也廣開大門，但在產業需求未到位的情況下，孩子未來要如何安居樂業呢？

每一個孩子的發展進程可能都不一樣，有的孩子早一點啟發，有的孩子則要到晚一點才找到自己的方向。全體學生一致的提早分流或延後分流都不是正途，依照孩子的學習狀況而適性分流才是王道。

適性分流學制的落實

一個理想的適性分流環境是，讓不同性向、興趣、能力及自我期許的學生都有適合的學習機會與管道，成人進入社會後並能適性發展。國家教育要能提供各種學習環境，使學生能依個別狀況進行選擇。學術傾向的孩子得到適當的培養，技藝傾向的孩子亦有其康莊大道，傾向尚不明顯的孩子則有充分探索的機會，而當學生發覺方向有調整的需要時，則有暢順的轉換跑道機制。

教育當局應儘速調整教育政策，研擬適當的適性分流學制。除了學術及技藝的大方向分流外，亦可依據學生的性向、興趣、能力，進行分校、分班、分組、分課的方式進行分流教學。對於特殊專長已很明顯的學生，要提供其強項能繼續發展的學習環境。對於性向與興趣尚不明確的學生，則要提供充分的探索機會，協助其早一點找到自己的熱情及發展的方向。適性編班及適性選課制度都是可能的方式，但要做好配套措施。我們也應強化技職教育，要提升技職學校的師資、設備及資源，鼓勵產學合作計畫，以確保高職生之素質及畢業後的就業條件與機會。

在廣設大學的政策下，過去培養應用科技人才的專科學校大幅升格為科技大學，因為大學法的約束及升等辦法的引導，科技大學的教師開始注重學術論文的發表，使得學生在技術方面的訓練因此而減少。曾聽聞高職畢業生在進入科技大學後，覺得自己的技術反而退步了。因此，政府應訂定嚴謹的大學退場機制，鼓勵不適合培育學術研究人才的學校重新出發，與產業界結合，轉型為培育應用科技人才的搖籃。但由奢返簡難，當初政府容許那麼多的私立專科學校投入資源升格為大學，現在要這些學校回歸專科學校甚至停招，是很難辦到的。折衷的辦法可能是修訂大學法，使得學術研究及應用科技的大學可以並存，不要再鼓勵科技大學的教師去追逐SCI、SSCI的論文。重點不在專科或大學的名稱，而是教育的方式是否可以真的連結起學生與社會的需求。

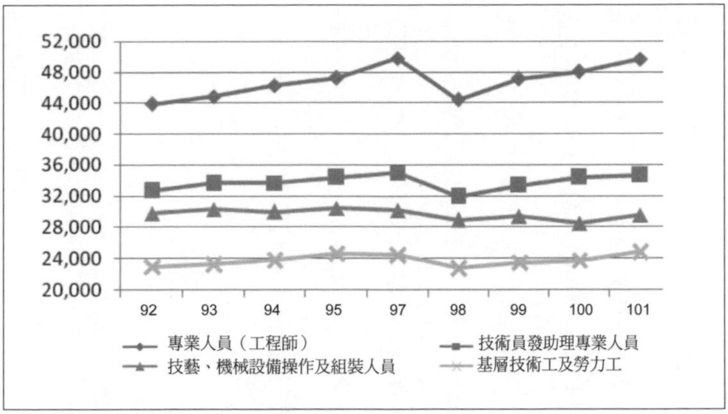

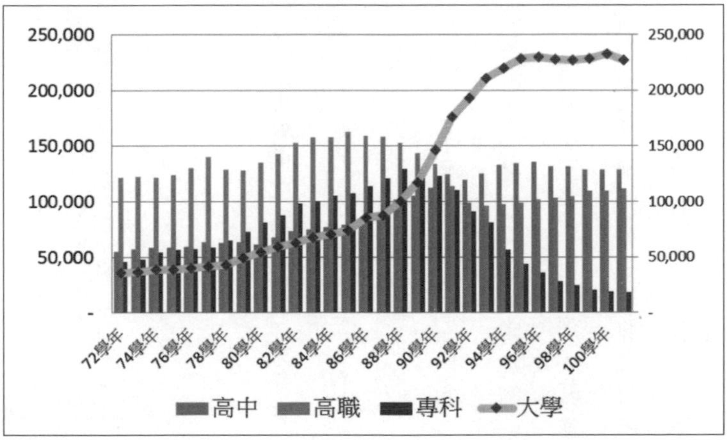

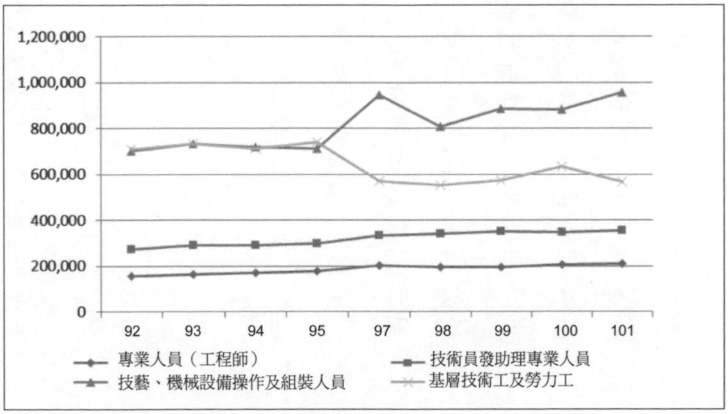

(資料來源: 台大政法中心研究計畫報告)

適性教育面對的課題與因應之道

郭為藩／總統府資政，前教育部長

十二年國民教育開始的階段，由於高中職免試及免學費政策，將會有學習能力非常差異、並不適合馬上接受更高一層階段教育的學生，包括不適合班級教學的學生，散布於社區性的高級中等學校，如何因性及因材教導他們，是明年起推動適性教育有待努力的首要重點。至少百分之十五的特殊學生進入高中職後，如何適性輔導、適性分流，師資在職教育的規劃是立即要解決的課題。以英國為例，他們估計有百分之十九所謂educationally subnormal pupils，雖然所訂範圍比較廣，其他國家的估計起碼有百分之十五的學生，必須要有各類資源教室方案或特殊班提供適性教學，需要學校有經過補救教學訓練的老師來輔導他們。過去九年國教的經驗，嚴重身障的學生除非有特殊學校環境，一般學校需要有專門的助理老師來照顧他們，通常一個助理老師只能照顧兩、三個學生，這種情形今後一定還是會面臨到，所以適性輔導第一個挑戰就是resource room plan，在高中職階段的制度化，這個課題必須配合師資在職教育的規劃。

第二點，一般的適性分流，國外大多是從十五、十六歲開始，在延長國教政策上，我一直主張一年一年地的延長，所以民國八十二年接了教育部部長職務後，首先推動的方案就是十年國教。十年國教最重要的任務，並不是普遍的實施十年基本教育，而是針對很多沒有升學的國中畢業生，規劃給他們多延長一年，接受免費的實用技藝教育。

這些學生是在國三開始分流，經鑑定認為不適合升學的學生，透過學校輔導的體制，讓他們到附近的高職、職業訓練中心，接受每週十三至十四小時的實用技藝教育，還有充實國中技藝教育課程的設備，同時配合辦理，希望這些人接受十年國教，於十六歲離開學校時，有兩年實用技藝教育的基礎，或有一、兩項專長，可以適應面對的職業生活。當時推動的實用技藝課程到目前還存在，但似乎沒有當年的被重視。實用技藝課程設計是將來十二年國民教育必須重視的適性教育方案之一，讓學生離校後有一個謀生的技能，這跟目前的高級中等技職教育不宜劃為等號。

第三點，我在很多場合都建議，應該考慮就現在的高中高職，包括綜合高中，大力推動像英國的特色課程學校（specialist schools），英國原有的綜合高中差不多百分之九十有系統地已改成特色課程高中，兩者最主要的不同，是學校裡百分之二十左右的學生，經過甄試鑑定過程，修習學校開設的特色領域課程。英國有三千所以上高中職具有特色課程，針對十類專長（Arts、Business&Enterprise、Engineering、Humanities、Languages、Mathematics&Computing、Music、Science、Sports、Technology等）設計一或兩個領域開設。英國的十項特色課程，除了自己學校本身的資源外，還要跟外面的資源結合。所以我們將來是否可以慢慢往英國的特色課程學校發展，也是適性教育的問題。

除此之外，我最近在好幾個場合，特別是民間的基金會，建議由基金會分別認養一些現有的公立高職，譬如我在遠東集團的元智基金會，提議認養一個夠水準的高職，設一個特色課程，以示倡導。現在美國的契約交辦學校（chartered school）已經有五千多所了，就是把公家辦得不夠理想的學校，以公校民辦的方式，讓民間企業或團體接手辦學。實施此一政策最大的關鍵是，教育部肯不肯放權給民間來辦學，由民間來辦，一方面可以吸收部分民間資源，在簽約的三、五年間，交給基金會承辦，並以學校原來的資源配合。所以我認為契約交辦學校，可以做為將來一個重要的發展方式，最大的好處是，學校由民間來辦，會形成自己的特色，而且因為課程多姿多采，更能達成適性教育的目標。

最後一點，在入學考試制度方面，配合我們今日講的適性分流，我在民國八十三年或八十四年推動推薦甄試入學制度，跟適性分流也有關係，大學入學聯招加上推甄制，是考慮有些學生在某方面有專長，但總成績沒辦法符合大學入學水準，所以必須有特別的管道。我認為適性教育的改革重點在教育部願不願意制度鬆綁；制度上的僵化，目前課程方面過度統一，是適性教育的障礙。現在我們在制度面能夠調整的是，高級中等學校制度的鬆綁，教育部該考慮鬆綁給民間創意的能量，試辦不同特色的學校；並從完全中學的擴充，發展學校本身的特色來滿足特殊性向（如藝術性向）學生的需求。再則要加強特殊教育，輔導照顧起碼百分之十五到二十的特殊學生，特別是身心障礙的學生。這些都是今後實施十二年國民教育過程中，適性教育要面對的課題。

專家經驗分享

從台灣第一所公辦民營學校的困境談落實適性教育的挑戰

楊文貴／人文適性教育基金會創辦人

適性教育在政府宣示推動十二年國教之後，成了最夯的名詞。筆者於民國九十二年接任台灣首創公辦民營的宜蘭人文國小時，即著手回歸教育本質，落實適性教育；並於民國九十五年成立「財團法人人文適性教育基金會」，接手第二個六年的人文國中小的經營。可惜，由於筆者能力及精力有限，卻又過度急切投入推廣理念，及延伸至高中階段的努力，導致內部出現重大歧見。最後，董事會出面整頓，力挽回歸辦學初衷，學校卻已傷痕累累，至今仍餘波未平，令人感慨。

回視過往，人文國中小所產生最大的歧見，來自對於適性教育的解讀不同，筆者深入探究關鍵過程，定位為：「適性教育」與「適性教學」之爭。兩者的區分，對於十二年國教所標舉適性教育的執行策略會有所影響。

「包學年制」取代「包班科任制」

民國九十二年，筆者從國立台北教育大學借調至宜蘭縣公辦民營的人文國小，第一年的人文國小有五個年級，十個班；依編制，可以有十五位老師。筆者設法邀請五位實習老師加入陣容，規畫出三位老師加一位實習老師，也就是由四位老師包一學年兩班的「包學年制」。這是一個班群協同教學的機制，有這個基礎，適性教學及適性教育才有舞台。

因為當年五月中旬才開始關注人文國小教育現場，八月開學的新學年課程，不宜輕易更動，仍以一般依九年課綱所訂的領域教學為主軸。在這個課程架構下，可以先進行兩項反映適性教學精神的措施：學生適性分組及教師專長教學。首先將兩班學生依不同的學習領域，依能力、興趣及學習風格等變項做適切分組。其次，老師依個人專長及興趣分工，分別擔任適切的領域教學。藝能科（如音樂、美術等）則視需要另聘科任教師，或與專長教師做交換教學等方式因應。

全校研習引導老師從每日的實務中理解適性教育

筆者接手第一年的教師團隊，平均年資大約在兩到三年之間。要回歸教育本質，實施適性教育，重新認識教育是什麼？老師的角色為何？學生的權利何在？成為第一年筆者認為工作團隊應該達成共識的關鍵議題。

從開學第一天起，放學後下午四點半至六點半的兩個小時，筆者像帶實習課的檢討會一樣，就白天觀課情形，舉例說明適性教學的做法或適性教育的措施，並鼓勵老師們就教學困境提問。要有效進行這種研討會，有一個關鍵：筆者必須充分掌握每天的教學現場，針對這個需求，於是有了副校長的設置，以分擔一般學校校長的對外溝通工作。可惜，設了副校長讓筆者能全心帶領教師的專業成長，卻也因未能親身經營學校的社會關係，而埋下了之後外在壓力的根源。

積極參與競賽，以得獎成果建立家長對於適性教育的信心

人文國小的第一年是常態性使用教科書的分班教學，第二年由筆者接任校長，因為學校性質確立，有數位原任教師因資格不符未能續任，家長已有疑慮；後又因為筆者鼓勵主題統整課程，少用教科書，取消紙筆評量。導致半年後，引發了轉學潮事件。所幸媒體報導公正，教育局態度明確，使得本事件結果轉為正向；雖轉走了三十幾個以傳統課業導向的家庭，但也增加將近四十個理念相近的家庭。使得剛開始的半年，老師把不少精力放在排解家長對適性課程看起來不重視課業的擔心，在轉學潮之後，換來的是家長主動詢問並表示願意幫忙之意。

但是，因為在實質上課程的操作方式，與一般學校做法差異仍然甚大，為了增加家長的信心，及擴大推廣的功能，於是筆者帶領團隊主動參加各項比賽，從第一年的標竿

一百，第二、三年的教學卓越金質、銀質獎，到第四年的教學創新獎等，目的是讓公開的得獎來支持「非常態」的教學模式。學校因此引起廣大的注意，也因而引進了更多支持的家長和社會的力量。有了這些源源不絕的資源，即使第五年開始，學校不再主動參加比賽，依然受到大家的肯定。

〈人文知音〉讓適性教育的做法公開透明

〈人文知音〉每週發行，是新團隊接手人文國小之後，最重要、最穩定、持續最久的溝通工具，它讓家長及社會大眾知道，適性教育如何一步一步地在人文國小落實。經由〈人文知音〉，筆者逐步介紹了適性教育相關措施，老師們也輪流執筆，把教學作為做充分的說明。同時擔任副校長的陳清枝老師，更以他流利文筆，紀錄了人文國中小中適性教育發展的諸多大事。

適性教育與適性教學之爭

人文國小在筆者接手後的第四年，得到縣府同意改制為九年一貫的國中小。為了因應國中課程，引進了不少學科專精的老師。一時之間，增加了學校教學的績效，每一位新進的教師也都用心於教學。可惜，筆者操之過急，只看到學生的需求，便大膽地推出了以行動探索為主的無學籍行動高中。同時，更在沒有充分溝通情況下，又急於在國中階段推動「行動」的家族課程，導致了數位專精教師的出走及部分家長的流失；甚至引發了後續的司法案件。

常態的教育系統中，以班級教學為單位，以領域教學為主軸，在課表中的每一堂課都有應完成的教學目標。每一位任課老師在教學的任務中，都被期待努力帶好每一個學子。所以，盡責的老師當然使盡渾身解數，充分發揮適性教學的精神，要求每一位學生都能跟上「進度」，如果有跟不上進度的，甚至還會利用其他時間，進行補救教學。整體來看，其實這正是教育當局努力推動的重大教育政策；就完成國家的九年一貫課程目標而言，這也是必要的做法。

只是，當我們真要談到回歸教育本質，把每一位學生的個別發展，當成教育的主體時，也許適性的視野不能只停留在「教學」的層次，如果可能的話，是否更應該看到每一個「不一樣」的孩子？在談到每一個不一樣的孩子時，就涉及是否每一個孩子都應該學習，甚至是「學會」九年國民義務教育中的每一個「領域」？否則他或她就是不合格的國民，或是拿不到國民中學的畢業證書？

嚴格來講，筆者多年鑽研兒童及青少年發展，清楚感受到「學習」的個別差異很大，而每個人的生命與精力是那麼的可貴，很難理解是否真的有一個存在的權威，可以有權強迫個別差異這麼大的每一個孩子，接受幾近相同的教學方式，甚至當他或她達不到標準時，還要求他們利用本來也許可以自行運用的時間，來「補強學習」。我們設身處地回想，若再一次的年幼時，是否還願意接受這樣的模範教育？

適性教育與適性教學的差異，以筆者的觀點來看，關鍵在於立足點的不同，適性教育立足於關注學生的個別差異，以開展學生的天賦為指標，甚至可能跳脫了既定課程目標的限制，真正落實以學生為主的教育。而適性教學，則在既定的教學目標下，老師充分注意學生的個別差異，幫助學生依其合適性方式來達成學習目標，其主體比較偏向完成教師被賦予的教學任務。

也許筆者推動適性教育走了太極端，太早把國家的課程目標解構，而將做為課程成果把關的國中基測，用直升人文行動高中機制，推出了孩子的學校生活之外。導致了相信「基本學力」絕對重要的老師與家長們，對於人文國中小的課程走向產生疑慮，進而以回歸公立學校為訴求，而引發了內部嚴重的分歧。

事實上，公辦民營人文國中小的本質是，以鼓勵私人興學，發揮教育特色的學校，落實承辦者的教育理念本來就是履行對政府的合約。只是目前相關法令不周全，公辦民營學校多數仍界定為公立學校，在現行的公立學校系統下，適性教育的推動多數只能停留在適性教學的層次。顯然，在兼顧現實與理想性下，人文國中小的走向，仍然難逃擺盪於適性教育與適性教學之間。

家長經驗分享

移居宜蘭，不用移民到芬蘭

林怡伶／人文國中小、行動高中資深家長
人文適性教育基金會第一、三屆董事

回憶十多年前大兒子呱呱進入台北公立小學就讀時，我辭掉工作成為全職媽媽，跟著孩子去上學。擔任家長會常委、志工團圖書組志工，協助辦理深耕閱讀等各項活動，因深度參與，而有機會在校內觀察台灣國小教育的狀況。擔任晨光故事媽媽期間，發現擁有閃亮的眼與好奇心、發問率很高的低年級孩子，到中、高年級後，舉手發問的次數與人數愈來愈少，冷漠、無心的孩子卻愈來愈多，讓我驚覺到底學校教育發生什麼事？

呱呱讀全美語幼稚園，美語能力遠比同年級的孩子們好，但是國小的分齡教學，統一課綱與進度，不管學生的語文、數學等能力優異與否，還是要跟其他孩子一樣，從簡單的ABC單字或加減法初級課程開始學起。上課對孩子而言真的很無聊，一般國小常態分班，完全無法做到混齡、分能教學，跑得快的孩子，被迫跟著其他同年齡的孩子一起跑；跑得慢的孩子也無法跟上進度，若無補救教學則可能被放棄。代理父母、直升機父母讓補習風氣興盛，可以發現許多孩子可能從早上七點上學，到晚上十二點多寫完作業才能休息，真的是超時學習的小童工。

依據中央大學認知神經科學洪蘭所長指出，長期的睡眠不足，學習效果差；睡得飽、睡得好，深眠則有助於活化腦細胞。不忍心看著兒子的學習歷程愈來愈痛苦，學習漸無效率，決定把心力放在課後與假期，我在民生社區開辦二十幾場黃武雄的「學校在窗外」讀書會，努力集結志同道合的家庭，辦理親子共學活動，但似乎仍未能找到真正的解決之道，因為孩子課內時間仍在學校，當時不像現在自學風氣興盛，法規環境也變得友善，有更多元的學習選擇。

除上述之外，我還觀察到一般學校多少有考試引導教學、不適任教師、說髒話、霸凌、吸毒、幫派介入校園危機、電子戰爭、怪獸家長、外籍新娘、單親、離婚、原生家庭問題、特殊生等等許多難解的問題存在，已經超過一般教師負荷。在學校傳統結構化的機制與法規限制下，依然難以調變，怎麼辦呢？

有機緣經台藝大謝教授告知，有一所特別的公辦民營學校在宜蘭頭城值得去參訪。心動不如行動，實際參訪了解後，感到百聞不如一見，驚艷於台灣竟然有此類型的理念實驗學校。之後便每月帶台北讀書會與共學家庭成員參訪，前後達八次之多，這一年期間因好奇而研究另類、理念學校在台灣的發展，啟蒙了我對多元化開放式教育的了解，目睹台灣教育桃花源在宜蘭頭城被實現，當時內心衝擊與感動自不在話下，也發現過去在一般學校窒礙難行的教育改革，在人文適性教育系統的創新遠景中，讓我們看見被解決的可能性與希望。我在身心嚮往並想給予孩子們好的教育前提下，毅然排除萬難移居到宜蘭來。人文讓許多嚮往理念教育的家庭，不需出國移民到芬蘭。

我很驕傲的跟大家分享，十年來我的孩子們在人文國民中小學與人文無學籍行動高中，快樂全人的成長過程。他們擁有一個幸福、豐富、多元的童年與青少年的學習生涯，奠定未來健康幸福的人生基礎。呱呱蛻變育成戲劇、舞蹈、設計、烹飪等數種天賦能力，以及具有獨立思考能力及高人際溝通智能、有解決問題能力的閃亮熱情的蝴蝶；很開心他今年考上第一志願台北藝術大學劇場設計系，並即將完成三年實驗教育，取得證明書入大學。而小兒子小傑從三歲開始進入人文優幼共學部落，至今已經是人文國小四年級生，長期適性發展，已啟蒙展現出語文、數學、邏輯分析統整、全球地理、音樂等特殊天賦，除有小GPS、小博士之稱外，也建立了開朗自信的笑容與自主學習的動能。

公辦民營的人文國中小學，是一所同時落實家長教育選擇權與學生學習選擇權的學校。在以學習者為中心的有機體博物館學校中，我們每天看到的情境是，學生在混齡分能家族中快樂的自主學習；專注悠遊在多元智能角落、適性化的動態分組、階段化的領域統整、生活化的主題班群、行動化的深化探索、自主化的能力取向、多元化的動靜延伸、PBL問題與專案研究、調育輔導等課程中；我們看見百分之八十以上的家長、合夥人，積極參與志工服務與成長改變，發揮家庭天賦，不分你的孩子與我的孩子，無私的提供愛與陪伴，投入人力資源之豐厚冠於全國學校。我們看見人文教師群對待學生溫和而堅定，教師治校創意經營，橫向縱向協同教學，熱情創新課程的發展。人文適性教育基金會募集資金優化教學現場，尤其是十年來一直保持師生比在1：12左右；以上在在顯示出，人文的學生們擁有這麼多親師的愛、支持與引導，真的很幸福，得以有健康的童年與青少年時期，朝向全人的發展，相信未來他們因擁有健康的身心靈，有足夠的愛去面對不確定的危機年代，有足夠的能力去解決人類的各式問題。

一般公立國中小與公辦民營人文國中小差異

學校	一般公立國中小	宜蘭頭城人文國中小
經營模式	公營學校（政府提供經費）	公辦民營特許學校（政府提供經費與校舍，由財團法人人文適性教育基金會承辦，募款挹注辦學經費）
核心理念	以養成德、智、體、群、美五育均衡發展之健全國民為宗旨	適性教育，以學生發展為中心，開發每一個學生潛能，天賦自由。生存、生活、生涯、生計和生命五大面向的適性教育，與調育系統的有機體博物館學校。
治校理念	校長治校，校長四年遴選一次，得連任一次。	教師治校，成立治校委員會，推主席報基金會核聘為校長，任期二年，得連任一次。
學區	小學區制，按戶籍所在地入學。	宜蘭大學區制。現有70%以上外來縣市移居設籍宜蘭家庭。入學前必須先參訪與面談，認同人文適性教育理念，才建議轉入成為人文家長合夥人。高中階段可以住宿或寄宿。
學校規模	規模大、中、小皆有	小班小校，一個年級2班編制，全校僅有18班，學生數三百多人。
教學導向	依九年一貫課綱授課。定時評鑑。分科教學，僅部分課程做到統整。	在盡情玩樂中學習，滿足童年之好奇心與探索心。採後現代課程觀，以學生發展為中心，動態生成課程。主題統整：G1、G2、G3以語文統整為主，G4、G5以數學統整為主，G6、G7以自然統整為主，G8、G9以社會統整為主。
學期制	二學期制，寒（近1個月）、暑假（2個月）	四學期制，每學期約10週，分春（2週）、暑（1個月）、秋（2週）、寒（1個月）四個假期。
分班、家族	分齡學習、常態分班、班級制	國小部依兒童發展進行混齡（大致為G1、G2-3、G4-5）、分能、適性分組，家族、班群制。國中部G6-9大混齡，分流為傳學（學術導向）、志業（職業導向）、蓄勢（多元探索）、行動（開闊視野與世界連結）四大家族，各家族開設課程有條件開放選修。

教師	分科、獨立教學，設班級導師、專科教師、代課教師、終點教師等。	教師縱向、橫向協同教學、教訓輔三合一、每位教師具輔導知能，重調育與激發學習動力與潛能。重引導式教學。教師與學生多元適配編組，學生可選擇信賴之教師。
師生比	師生比1：29	師生比1：12
評量方式	考試評量	質性評量、學習心智地圖、無段考、無分數與排名
課堂時間	每堂課40～50分鐘、下課10分鐘。有鐘聲。	每堂課80分鐘、下課30分鐘（輕鬆一下）為同學最喜愛的時段。無鐘聲。
課表	統一固定課表	個別差異化課表
教室	有班級教室、功能教室、專業教室。上課教室固定，一般在教室用餐。	博物館社區學校概念、開放教室空間、多元化空間運用設計、有專屬餐廳用餐。因應不同課程，跑班制。因行動學習，擴大學習場域不限在學校。
升學方式	依照十二年國教升學方式進入一般高中職或五專。	宜蘭縣可選擇質性升學（資料審查）或依照十二年國教升學方式進入一般高中職或五專；人文國中畢業生可直升人文無學籍行動高中（高中階段非學校型態實驗計畫，團體共學，取得三年完成實驗教育證明，可以學測成績升大學）

六、適性生涯

前一陣子有機會參訪東元電機公司，一進入公司大門，就看到「適才適所」的標語，這就是適性的體現。要做到人盡其才，就要讓每一個人都能在適合他的崗位上工作，做自己能勝任或適性的事，自然有熱情也有效率。因為注意到這個重要的因素，所以東元電機在選才時，不但要看學歷，還要看性向測驗的表現，東元所採用的是DISC（Dominance支配，Influence影響，Steadiness穩健，Compliance服從）性向測驗，經過這個測驗，公司可以了解員工的人格特質是傾向老虎（支配型）、孔雀（影響型）、無尾熊（穩健型）還是貓頭鷹（服從型），以做為工作分配的參考。

據了解，很多企業都已注意到人格特質與工作表現的關係，因此，如果孩子能早點適性探索自我，找到自己的方向，在學校期間能適性而熱情的學習，有效提升自己的知與能，在畢業後找工作時自然得心應手；有了適合的工作，就可以繼續適性發展。這樣，才能真正成就每一個孩子，邁入理想的適性生涯。如果每一個人都能適才適所，社會的安定與進步就指日可待了。

台大醫學系是許多人心目中的第一志願，但根據〈財訊〉在二〇一二年所做的調查，有高達近一成的台大醫學系學生不把「畢業後當醫生」當做唯一志願，而想逃離醫院。有一位劉姓準醫生在完成七年醫學系的學業後，就應徵到外商公司擔任商業顧問，提著公事包到世界各地替客戶規劃營運策略。如果選錯了科系，適性生涯的開展可能就會比較辛苦。現在很多技職院校紛紛設立餐飲科系，但若未來發生供需失衡的狀況，其畢業生出路令人擔憂。過去曾聽過「流浪教師」，最近則有「流浪律師」的出現。如果畢業後找不到理想的工作，又如何能適性發展呢？

如何所學為用

台大教授王秀槐曾利用台灣高等教育資料，探討大學生科系選擇的相關議題，發現在大一新生當中，有三分之一認為自己所選擇的科系不符原來的期望，而有四分之一的學生想要轉系或轉學。在畢業後學非所用的比例，依照前述勞委會的統計資料，四成是最保守的估計。

適性教育絕不只是學校教育而已，而是一個終身教育，是要讓每一個人都能找到自己熱愛與適合的事業，並展現自我。但現實環境是複雜的，要能發揮自己的強勢智能，才是安身立命之道。

學校教育究竟是否要為就業做準備？這是一個見人見智的問題，有人認為教育是一種消費，要能滿足對知識的渴求及提高對人生的品味；有人認為教育是一種投資，是為未來的職涯做準備，要能回收。如果兩個面向能兼俱，當然是最理想的。

學校與社會的連結

教育要建立起個人與社會的連結。學生在學校接受教育，這個連結就要經過學校與社會的連結來達成。學校應開設職涯介紹的相關課程，協助學生了解產業狀況及工作環境，做為他們選擇學習方向的參考，這樣才能在未來進入適才適所的職場。學校也可提供學生在學期間至公司或工廠實習的機會，以協助學生依其特質就業或繼續深造。

學校應建立與社會民間團體（諸如人力銀行、企業、產業、社區等）的策略聯盟，讓學生們了解社會需要，並進行就業輔導。據報導，中國鋼鐵公司與高雄中正高工已建立建教合作關係、上銀科技亦與台中高工及台灣科技大學建立策略聯盟，這些都是值得鼓勵的例子。

台灣少子化的時代步步逼近，依據台大薛承泰教授的分析，台灣二〇一一年六十五歲以上人口占總人口數的10.9%，但到了二〇二五年這個比例將攀升至20.3%，未來台灣的人口結構將成為頭重腳輕的花瓶，是一個不穩定的結構。政府必須及早因應此狀況，進行未來人力需求的分析，做好人力規劃，並配合調整教育政策。

相關資訊並應提供家長及學生參考，以掌握未來產業脈動，讓孩子找到最能發揮所長的工作機會。過去廣設高中大學政策的推動，就是一個民粹主義下的產物，沒有系統分析就倉促上路，所造成的苦果卻要全民承擔。如果沒有做到適性生涯，不但個人生活苦悶，國家的前途更令人憂慮。學用落差的問題要儘速解決，人民才能安居樂業，國家才能長治久安。

以上適性教育的六個面向並非獨立發展，而是相依相生，只有同步完成，才能實現適性教育的理想。

技職教育的路可以更寬廣

丁國章／明新科技大學企管系與資訊工程系合聘副教授

到二〇一二年統計結果，公立大學有六十所，而私立大學技職院校則高達一百所，原有七、八十所專科學校皆順利升格為科技大學與技職學院。如同李誠先生在二〇一二年一月號〈遠見雜誌〉的撰文「台灣的大學真的太多了嗎」中指出，台灣只有二千三百萬人口，但卻有一百六十餘所大學，密度之高應是全球之冠。我們鄰近地區的新加坡有五百萬人口，但是他們只有四所大學，即每一百二十五萬人才有一所大學。香港有七百萬人口，有七所大學，即每一百萬人有一所大學。馬來西亞有二千七百萬人，有五十六所大學，即每四十八萬人口有一所大學，而台灣是每十四萬人口便有一所大學。李誠先生在文中也以美國為例，指出在一九七〇年代也有一場高學歷、高失業，美國人口教育程度是否過高的大辯論。當時哈佛大學經濟學者Richard Freeman出版了一本非常著名的書《過度教育的美國人（The Overeducated American）》，在書中他計算了攻讀大學四年的學費、生活費與因讀書而不能工作所放棄的薪資等，將此總數與大學畢業生終身的所得相比，計算出大學的投資報酬率。他的結論是：大學生如此多，在供過於求的情況下，大學的投資報酬率不如很多其他的投資方案。如果學生將四年要投資在大學的錢放在銀行裡，所得的利息都會比大學畢業後的薪資高（當時美國的利率是在10%左右）。他舉了一個例子，人民如果將攻讀大學四年的經費去購買一輛貨車，然後他自己擔任司機，其投資報酬率比大學高。

很多人受父母的壓力，一定非上大學不行，更糟糕的是，原有的技職教育完全被大學化了。有些大學理科的學理確實很深，硬要學生學習，真的會消抹學生的學習與興趣，反而失去了到學校學習的信心與意義。孫中山先生早期所倡議的「知難行易」，真的是其來有自。以電腦技術而言，很多半導體工程奠基於很深的學理，但這個深學理只須少數的博士精研了解即可，其他的技工只要知道如何運用與了解此技術。很可惜的是，一方面因為大學過多，另一方面很多的技職院校也被大學化，老師按照一般大學的課綱教學，一般學子真的無法承受此學理的教學過程，所以可預見的是，上課時學生睡覺，下課時卻為了學費要趕著去打工。雖然學生的資質與心態各異，但上述心態與學習狀況者不在少數，所以台灣的薪資倒退，除了肇因於政府的22K大專生實習方案外，其實其來有自。請問這些混四年的學生，他們有多少大學生應具備的能力？社會各階層大概已經發現，如果再不大幅度改革，十二年國教的結果，只會讓高中國中化、大學高中化，而研究所只是以前的大學而已。

正統的技職教育，在科技的實踐當中，慢慢精研與了解科技原理與應用，此乃源自於「翻轉式的教學」，比起很多大學生學習了一大堆的理論，而不知道如何應用，因而與職場的銜接困難，也因此喪失了職場的競爭力。以明新科技大學為例，筆者於一九九六年因為在外有豐富的就業經驗與軟體撰寫技術，得以順利以講師起聘到明新工商專科學校服務。那時任何教師要進入明新工專皆必須有紮實的實務經驗。

現今技嘉科技創辦人之一葉培城先生畢業於明新工專電子科，技嘉科技是以主機板的生產起家。當時的技職教育只教授一些實用的電子技術、如主機板的Layout等。一九九八年後，很多技專院校受到升格成為一般科技大學的壓力，規定博士級以上師資必須高於一定比例，所以只要有博士學歷者到處受到歡迎，已經不管實務經驗了；很多國立大學也廣設博士班，歡迎很多學校的講師到大學進修。受限於師資壓力，明新工商專科學校不再一定要求老師必須有實務經驗才能進入學校服務，而且師資員額從只有一百多名教師，大幅擴增到四百多名。

政府已經發現過往的錯誤，我們把過去引領經濟發展的技職教育荒廢掉了，以致成為目前經濟困頓的因素之一。為挽救此頹勢，教育部已經實施幾個階段的技職教育再造計畫。此方案的目標在於提升技職教育競爭力，至於如何提升技職教育的競爭力，有三個方向可以推動，分別為，一、無論高職、專科、科技校院畢業生都具有立即就業的能力。二、充分提供產業發展所需的優質技術人力。三、改變社會對技職教育的觀點。

在操作方面，總共有三個面向分別為制度調整、課程活化與就業促進。而其對應之策略分別為，制度調整面向：政策統整、系科調整、實務選才。課程活化面向：課程彈性、設備更新、實務增能。就業促進面向：就業接軌、創新創業、證能合一。單單此第二期教育改造方案，將投入總計二〇二億八九五〇萬元。

個人對於教育部的技職教育改造方案非常支持，我也相信未來學理能力稍弱的學生，不用再勉強念以理論為主體的大學。學生可以進入技職體系，學習必要的技能，與就業市場可以接軌，不再是畢業即失業之慘境。以資工系為例，可以學習紮實的C語言與組合語言，以理論為基礎的離散數學與演算法應該可以不修，不再發生許多學生學習了四年的電腦理論與數學，但居然不會寫低階實用程式的窘境。這也就是學生念技職教育體系，可以有更寬廣的就業道路的原由所在。

擇其所愛，愛其所擇

王秀槐／臺灣大學師資培育中心教授

每到七月底大學入學指定考試成績出爐的時刻，在媒體追逐報導各類組榜首之際，許多學校、輔導機構甚至補習班也開始進行落點分析與選填志願輔導，協助拿到成績單的準大學生選擇一個理想的志願。事實上，大學生的生涯選擇關乎個人未來發展，也關乎國家經濟、社會的進步。若學生選擇的科系非其所適、非其所愛，對個人而言，可能蹉跎大學四年黃金時光，對社會而言，則是浪費寶貴教育資源，未能培育志在所學的專業人才。

志趣不合的現象

筆者曾以台灣高等教育資料庫大一新生調查資料，探討大學生科系選擇的相關議題，發現在大一新生當中，有三分之一的學生認為自己所選擇的科系不符原來的期望，有四分之一的學生想要轉系或轉學。這個對就讀科系不滿意的現象可能源於三種情況：一是學生在不清楚自己是否適合某一科系的情況下，選擇了該科系，然後發現自己並不適合而想轉系；也有可能是在不了解某科系的特色、環境、未來發展的情況下，選擇了該科系，待進入後發現與想像中的不符，而想轉系；也有可能是原來就不想讀該科系，只是迫於分數、或沒有更好選擇的情況下，暫時進入該系，而一心打算轉系。不論是哪一個情況，均顯示這群學生與其科系產生不適配的問題。事實上，在全國大一新生中，有高達三分之一的學生有志趣不合的問題，有四分之一的學生想轉念其他領域。這對教育工作者與政策制定者而言，均為應當注意的警訊，值得我們深思。

志趣不合的原因

究竟為什麼會有這麼高比例的學生有科系志趣不合的問題？筆者認為這個現象背後涉及教育制度與文化價值的雙重因素。首先，我國教育傳統上強調智育、注重知識的灌輸，強調群性的培養、忽略個人特質的探索，再加上中學階段升學壓力大，學生需要花許多時間學習課本知識，為了考上好學校，花費許多時間念書，甚至利用課外時間補習，因此很少有時間與空間來探索、了解自己的興趣所在。經過中學六年這樣的教育歷程，許多高中畢業生對自己的特質與興趣沒有清楚的認識，對於大學科系也沒有深入的了解，因此在選擇大學科系時，必須仰賴考試分數落點分析與大學科系排行榜作為選擇依據。

其次，相較於歐美較強調個人特色、興趣與才能的社會文化，華人社會在集體主義與關係主義的影響下，較為重視大眾公認的縱向成就，諸如追求學業成就、考上聲望佳的大學、達到事業成就等；這些功成名就的目標追求者眾，競爭激烈，個人努力向上爬升，以爭取社會讚賞、提升自尊、獲得面子。因此，在選擇大學科系與未來職業生涯時，許多學生有從眾傾向，選擇排名在前面的大學與大家都追求的熱門科系，至於個人的特質與興趣為何，則不是重要考量。

如何協助學生能夠擇其所愛、選其所適？筆者嘗試從教育制度提供淺見。

學校如何從制度上克服這個問題

在教育制度上，可從高中輔導措施與大學的入學與選系制度著手：

加強中學的生涯輔導功能：由於中學（特別是高中）是生涯探索的重要時期，因此應加強生涯教育，輔導學生對自我特質、能力與興趣的認識與反思。目前高中的生涯輔導措施大多由輔導室規劃辦理，但限於時間與人力，成效有限。學校應善用大學資源，如大學舉辦各種學科營隊、校友人力、社會資源，並且配合大學多元入學制度，從高一起規劃一系列的生涯教育方案，包括：認識自我與興趣、性向、價值；認識大學科系、專業領域、職業工作世界；認識重要他人期望與進行溝通；蒐集評估相關資訊，形成具體目標；了解自我決定風格，選擇適當類組與科系，透過課程、團體、討論以及教師個別指導，協助學生提早釐清自我性向、認識大學科系以及未來生涯目標。

持續推動多元入學方案：近年來推動的多元入學制度，主要希望能夠透過申請入學與推薦甄試管道，增加校系多元特色的發展與學生多元適性選擇的機會。多元入學制度究竟是否能夠增加學生科系選擇的滿意度與確定度？依據筆者針對「大一新生調查資料庫」所做的分析發現，經由不同入學管道的學生，在對科系的滿意度與確定度上，確實有差別；經由推薦與申請管道入學的學生，較分發入學管道的學生，會事前先了解探索科系性質與特色，也比較了解確定自己的興趣與能力，因此在選擇科系後，比較肯定自己的選擇。如此看來，大學多元入學制度中，推薦甄選與申請入學管道，確實有促使學生探索自我與趣、性向與了解大學科系性質的作用，值得進一步推廣。在社會大眾逐漸可以接受的情況下，可考慮適度增加推薦甄選與入學管道的名額。

增加學生課程選擇彈性：我國學生在大學入學時即擇定主修，許多學生對科系內涵發展既不清楚，又沒有獲得有效輔導，因此產生茫然之感。但鑒於我國國情不同，美國大學大一、二不分系的制度，在我國可能有實際困難（如一窩蜂現象，將分發困難問題延到大三），因此，建議改革重點應在：大一、二實為修習普通課程與探索專業定向時期，因此建議系所應該採取彈性學程課程的概念，提供多套課程規劃，對有興趣有志向投入的學生，提供一套從大一就開始深入專研的課程，提早培養該領域的高深專業或研究人員。但對於不清楚自己性向，或志不在此的學生，則可減少系上必修課程，讓學生有足夠空間修習輔系、雙主修，甚至轉換主修的彈性空間，讓大多數學生大學四年下來，均能有機會找到自己適合喜歡的專業領域，投入發展。

大學生科系選擇議題除了與上述教育制度措施有關，與社會結構（產業、經濟、人口結構）、價值信念（從眾趨勢、家長主導等）等均有複雜的互動關係。但由於社會結構、價值信念的形成常歷經長時間發展，如要改變也須經長期社會變遷與觀念改變，無法一蹴而幾。因此筆者提出的改善之道，期望能幫助更多的青年學子擇其所愛、選其所適，找到志趣相符的科系領域，發揮個人潛能，成為志在所學的人才。

註：本文節錄改寫自筆者「擇其所愛，愛其所擇？大學生志趣不合的現象、原因與改善之道」（〈研習資訊〉雙月刊第25卷第6期）

從職業運動的人才培育看菁英教育的存廢

毛立甫／國立師大附中教師

身為一個與趣廣泛的運動愛好者，十分喜歡觀賞職業的運動賽會，不管是球類比賽、鐵人賽，在職業級的賽事都能欣賞到這些球員、選手的精采表現，不論他們是否有贏得這些運動比賽的頭銜，能登上職業比賽的運動員，必定是歷經了良好的教育訓練與高度的自我要求，才能產生優秀的成績表現，他們當然是這些項目運動的菁英。而運動員能受人矚目，有一項絕對重要原因，即是這項運動的人才培育方式：讓有與趣投入這個運動領域的人在各個階段彼此較量，才能讓有天分的人嶄露頭角。以國人熟悉的棒球為例，許多小朋友由參加各級學校的社團或球隊訓練出發，歷經大小比賽的試探，從而確定他們打球的天分與能力，以成為職業球員，進入球隊繼續受訓，等待證實自己價值的機會來到。

假如這樣的人才培育機制受到限縮，比如我們只准私立學校經營球隊，讓私立學校招收到的球員，依其天分與教練的訓練計畫打球，而不許公立學校如此做，公立學校頂多只讓同學在社團課程時練練球，不論球技好或壞的學生都混合一起上場，將會看見如下的情景：由於不是每個同學的運動神經都一樣，很會守一壘的同學接不到幾個像樣的傳球，久而久之他也將疏於站位接球的球感；或者很會守游擊的同學因為隊友不太會接球，所以他也不必發揮創意美技去撲接處理任何來球，因為認真守到這球也無人接應處理；他們的天分得不到應有的培養，這時我們該怪罪他們的教練沒把球員帶好嗎？無辜的教練可能沒時間回應大家的責難，因為他還要教其他同學基本動作，根本沒空去回應責罵的問題。還有狀況：由於私立學校的名額少，所以球團的選擇不多，球團自行訓練成本又太高，可想而知，好球員的來源缺乏，球賽變得難看，運動項目的經營將如死水。

清楚了人才培育的侷限對棒球的影響，那麼我們可以了解，消滅公立菁英教育對國家未來競爭力的衝擊。由於不是每個同學的學習程度都一樣，老師為照顧到程度差異極大的學生，在有限的上課時間內，只好取中庸之道授課。原本喜歡思考問題的人得不到同儕與他討論，久而久之他的腦袋會空掉；或者解決問題的好手，無法在上課時得到具挑戰性的問題，他便難以磨練去處理問題的創意；他們的天分得不到應有的培養，這時我們該怪罪他們的老師沒把他們教好嗎？無辜的老師實在沒時間回應大家的譴責，因為他還要教其他同學基本功課，根本沒空去想上課要拋什麼問題來刺激學生。還有狀況：由於私立學校的名額少，所以家長學生的選擇不多，只好形成大家更不樂見的升學競爭，可想而知，國家培育人才因公立學校自廢菁英教育而成效下降，私立學校的數量又受限，接手培育的機構，不管是大學或工作單位，重新訓練的成本將大增，國家長遠的競爭力十分堪憂。

想一想，我們會只接受棒球培養人才的機制，而不許這套機制發揮在學術人才的培育上嗎？假如在我們的教育體系中，能把每個人的菁英層面都發展出來，也就是能透過教育挖掘棒球菁英、舞蹈菁英、技職菁英、學術菁英，讓各種天分的人依其選擇得到紮實的訓練，還會有公立高中菁英教育的存廢問題嗎？限制公立學校的學術型菁英教育，比如先免試後特招，並限縮其特招名額，既妨礙了國家競爭力發展，又剝奪了部分學生的受教權，這些都不該是教育主管機關該做的，讓所有的學生能得到適性的教育以揚其才，才是我們教育主管機關的重大責任。

父母不要只想著自己的期望

周韞維／臺北市立北一女中退休校長

師大畢業後，我服務教育界長達四十二年，在三十一年兼任行政職務（含任校長二十年）的時間裡，每年都有數次機會必須面對校內外的家長做升學宣導，宣導的內容除了介紹當年的升學辦法、學校特色外，最重要的是提醒家長：要多尊重孩子的興趣和意願，不要只想著自己的期望。每當談起這樣的話題，我總會想起我的好友和她的兒子，以及我的女兒。

她要兒子考上大學

好友曾是我的同事，與我比鄰而坐，教學認真，向來是學校裡的王牌數學老師。婚姻美滿的她育有二子，兩個兒子都在她服務的學校裡就讀，成績相當優秀，她常戲稱自己住在男生宿舍中，但她也知道自己在家庭王國裡有著絕對的權威。

大兒子國中畢業時，意外地沒有考上公立高中，但考上了專科第一志願的台北工專，即現在的台北科技大學前身，同時也考上了一所風評不錯的私立高中。兒子選擇念工專，爸爸和弟弟都表態支持，只有好友覺得很沒面子，堅持兒子一定要上大學，不能只念五專，就以一票否決到底。兒子不斷地懇求，不但沒能使好友改變心意，反而讓好友大發雷霆，風風雨雨鬧了一個多月，兒子終於妥協，走進了私立高中的校門。

三年後兒子沒考上大學，家裡當然又再迎來一場淒風苦雨。只是這樣的低氣壓連續了三年，兒子連年都沒能考上大學，好友的意氣不再風發，不但整天愁眉苦臉，還經常以淚洗面，尤其當她知道學校同事以她兒子為例來訓示學生時，更覺痛不欲生。其中一年大學聯考，正好她兒子就在我服務的學校考場中應試，我去教室探視他，見他正埋於書堆中，正想為他的認真喝采時，發現他的桌上除了筆盒外，只有一疊又一疊的武俠小說，當然他正專心看著的書也是刀光血影的封面。他見我到來，尷尬地說：「阿姨，可不可以不要告訴我媽？」我點了點頭。

三十年過了，我信守諾言，至今沒告訴好友。後來這個愛看武俠小說的孩子考上了一所私立大學，現在發展得很好。我常想著：如果當時這孩子去唸了五專，他會不會更快就摸索出自己的路？是不是無須在那幾年總得看著自己的媽媽或生氣、或吁嘆、或著直淌淚？

我要女兒專心唸書

煩心的媽媽其實不只我的同事，談別人的孩子總較能客觀而論，說起自己的孩子似乎就難以平心靜氣，我自己有兩個女兒，都已嫁為人婦。幾個月前大女兒很開心地告訴我，她正在作詞、作曲，幫素人錄製唱片，還為流浪動物籌款。我分享了她的喜悅，感到很驕傲。日前和友人閒聊時談起大女兒，我說女兒讀高一時就有人找她出唱片，我沒同意。出社會後她想開寵物店，因為經營理念和我不同而作罷。友人聽了之後，不加思索地說：「妳女兒的性向很明確啊！她一直在走自己的路。」

友人淡淡的一句話驚醒了我這個夢中人，我猛然想起：有一次女兒為了我不知沒應允什麼而生氣時，曾哭著說：「我的父母只會阻擋我的發展。」當時太忙的我根本沒在意她的話，何況我向來自認已經很用心地替她們設想一切了，所以總認定她在胡亂地埋天怨地，如今經友人一句話而省思，發現我早該有些不同的體認。

兩個女兒從小就跟著音樂素養極好、從臺鹽總工程師退休的爺爺學拉小提琴。不知道是來自爺爺的遺傳，還是爺爺訓練得好，兩個女兒的音感極佳。大女兒自國小時就讀於音樂班，是樂團第二部的首席小提琴手；國中時在詩詞吟唱、指揮、創作編曲等項目競賽中連年得獎，十四歲時曾考進世紀青少年交響樂團，深受樂團指揮賞識；但因爸爸反對她參加，因此她只好放棄了繼續留團的機會。這件事至今我們母女都深以為憾。高一時，有專業人士找她出唱片，我一心希望她好好念書，連對方是誰都沒問，就一口回絕了。這樣的拒絕接二連三，及今細想，我漸漸了解她當時為何會覺得頻頻受阻於理想之外了。

後來，大女兒開始在家裡養狗。兒時的玩伴狐狸狗自然是她的首選，我們花了很多時間到處找純種的狐狸狗，最後在新店山裡的狗場找著，花了三萬元。好友知道我有個愛狗的女兒，家中有小狗出生也載來送給女兒。慢慢地，女兒打算為家中的狗兒傳宗接代，花了八萬五千元買來日本頂級品種的狗兒，然後又忙著送狗兒到訓練場上課，參加比賽。比賽一個接著一個，獎盃、獎牌陸續得來，也曾獲得全犬種的**RBIS**大獎。累積相當的經驗之後，大女兒決定開寵物店，在我們母女討論開店事宜的過程中，齟齬不斷，我希望她從小店做起，但她想規劃極具氣派的店，兩人經營理念如此迥異，開寵物店的計畫於是告吹。

寵物店沒開成，大女兒轉開音樂教室，投身於音樂教育，但絲毫未減她愛狗的心。養狗有了經驗，很自然地擴大到照顧流浪狗，她投身於流浪狗中途之家長達二十年，為流浪動物全台東西南北奔跑，從無怨悔，也順利地幫很多流浪狗覓得新家、重獲新生。家人當然支持她的愛心之舉，我及二女兒幫忙養了好幾隻狗，十幾隻狗兒女分別住在我們母女三人不同的房子裡，生活花費龐大不說，而是我們母女三人從此未曾共同隔夜出遊過，因為總得有人留在家中照顧狗兒。春去秋來，狗兒成了我們家庭中的重要份子，每一隻狗都至少陪伴了我們十四年之久，其中有四隻狗活了將近二十年。我心裡很清楚，是大女兒的堅持及專業，全家人才得以修習這樣難得的生命教育課題。

相較於大女兒，二女兒的性向發展似乎顯得順遂些。小學讀的是合唱班，大學念的是新聞，但在姐姐的穿針引線下，二女兒去了幾家**piano bar**和飯店客串演唱過，圓了表演的夢。大學畢業後，她當了幾年記者後，不料竟辭掉工作，跑去念音樂研究所，並接掌了姐姐的音樂教室，專心地教起小提琴，還成立了兩個小朋友的樂團，每天忙得不亦樂乎。二女兒的幸運來自有個願意傾聽她的心聲，並充分支持她的姊姊，而這正是我來不及為大女兒所做的。當我於九十七年收養一隻流浪於北一女校園的殘障貓後，她們姐妹倆又不約而同地開始照顧起流浪貓，做起中途之家。大女兒將公司每一、二週才用一次的團練場地，開了間有貓咪、又可以演奏音樂的咖啡廳，算是她的興趣結合呈現。如今見她當起音樂製作人，我自然替她高興，却也不免自責，如果我及早發現並鼓勵她，把音樂和照顧流浪動物當成終身志業，是不是可以少掉那些讓她淚眼愁眉的歲月？

記下心疼的感覺

以愛為名，我們總是容易被自以為是的堅持翳遮了原該有的柔軟。友人的兒子、我的大女兒，他們都曾深深渴望被理解，可惜的是他們都有著深愛他們，卻不懂他們心意的媽媽，因為兩位媽媽都以為自己的規劃可以讓孩子少走一些冤枉路，正是這樣的堅持，讓柔軟遁形，也讓很多淚水靜靜地輪迴，不曾絕跡。淚眼婆娑中，孩子倏忽長成，而媽媽日後思之不免心疼，不才如我謹以拙筆記下這樣的心疼，用以提醒自己多些耐心去懂孩子，也盼能提醒許多有緣的父母。

第三部

成就每個孩子，提升競爭力

在十二年國教如火如荼推動的當下，台灣的教育走到了一個轉捩點，未來是向上提升還是向下沉淪？如果學習環境不能適合學生的性向、興趣與能力，怎能讓孩子在其中優游自在的學習，而做到成就每一個孩子呢？

每一個孩子都能適性發展、熱情學習，是家長、老師以及關心教育人士的共同期望。但在適性發展之後，就一定能有適性生涯而過快樂日子嗎？在環境與時間的限制下，如果沒有競爭力，可能很難實現自己的夢想。

所謂競爭力，指的是在競爭中展現的能力。前面談過，因為這個世界的資源有限，我們的生命也是有限的，於是，競爭無所不在，如果想要取得資源，壓力就如影隨形的來了。適性教育的目標，是要讓孩子能找到自己的強項，然後適性發展，使得強項愈強，並更有自信。

知名的台裔加拿大籍服裝設計師吳季剛，他在小的時候很喜歡玩洋娃娃，當別人笑他一個男生怎麼玩娃娃時，他哥哥說：「讓他當他自己吧。那樣有什麼不對？」於是在家人的支持下，吳季剛選擇了設計這條路，並一路發光發亮。據〈天下雜誌〉的報導，吳季剛的母親說：「栽培他的天賦，也栽培他的視野。」

如果能在自己的強項上與他人競爭，競爭力當然是強的。但競爭力並不能只靠天賦的基礎、訓練的紮實及環境資源的支持等硬實力，軟實力（soft skills）的發揮也是能否成功的關鍵因素。什麼是軟實力呢？對一個國家而言，依據軟實力之父約瑟夫・奈伊（Joseph Nye）的說法，軟實力主要包括文化吸引力、政治價值觀吸引力，及塑造國際規則和決定政治議題的能力。對於個人而言，軟實力則包含品格力、工作適應能力、表達能力、溝通能力及與團隊合作能力等。

找到自己的特質並據以發展，可以說是「好的開始，是成功的一半」。雖說可以熱情學習、適性發展，但是否能達到滿足需求、實現夢想的生活目標呢？如果沒有軟實力，硬實力就沒有發揮的空間；但如果沒有硬實力，軟實力亦無用武之地，「軟硬兼施」才是提高競爭力的唯一正途。

如何在適性教育中提升軟實力

在落實前述六大適性教育面相後，硬實力就有了紮實的基礎。我們是否能在適性教育的推動中，同時提升孩子的軟實力呢？

首先來談品格力。有人說：「品格力就是未來的競爭力。」品格好的人，才能在諸多競爭對手中脫穎而出。品格教育的範圍很廣，包括誠信、負責、正直、公平、穩定、關懷、尊重等。在適性教育的過程中，我們強調尊重孩子的選擇，孩子受到尊重，自然就學會尊重別人；而自己做的選擇要自己承擔，也就訓練了負責任的態度。但這樣做絕對不是說老師及家長就沒有責任了，有一次在一個教育座談會的場合，聽到一位資深的教育工作者說，主導權給學生後，老師就可以輕鬆了。如果老師真的輕鬆了，就不是適性教育，而是放任教育。事實上，適性教育是一個閉迴路系統，老師要時時關注學生的狀況與反應，也要適時鼓勵學生，並調整教學方法。而老師負責任的態度，更是學生最好的示範。

學生把功課做好，就是一種負責任的表現。當下的教育體制是大家上同樣的課，用同樣的教科書，接受同樣的教法，這樣吃大鍋飯的方式表面上是公平的，但有許多學生覺得教的太難，跟不上進度，等到老師出了作業，根本不會做；如果不能求助補習班，只好不交作業，甚至可能去抄同學的。這樣的教育方式並不能讓學生學到誠信、負責、正直與公平。

老師出功課或考試不是要來難倒學生，而是要讓學生有成就感，進而激發學習的動力。在適性教育的教學過程中，老師要依適性評量的精神，按照學生的程度或學習狀況給適當的作業或評量，難度要有一點挑戰性，要讓學生有能力可以按時交自己寫的作業，在經過努力後，可以得到考試成績的肯定；這樣學生不但可以學得好，而且可以學會負責任的態度。有了成就感，心情就穩定了，不但學習會更積極，也有餘力去關懷別人。適性教育是正向教育，如果操作得宜，可以激發學生的善念與正向的力量，追求真理，有夢最美，築夢踏實，有了「真、善、美」，自然品格力就增強了。

在適性教育的架構下，工作適應能力的提升是水到渠成的。因為工作是自己選的，是適合自己特質的，當然會熱愛自己的工作。投入工作後就會衣帶漸寬終不悔，抗壓性與適應能力自然增強。一般公司在用人時，非常重視員工的穩定性與抗壓性，因為如果到職後做不久就走了，不但訓練白做，可能還會影響公司出貨與營運。現在大學生滿街跑，我們有時會聽到工廠經理抱怨大學生不好用，有的上午才到職，下午就離職了，而高職畢業生反而適應能力較強。我們不要總想著減輕學生的壓力，而應該要讓學生增強其抗壓性。如果適性教育能落實，公司找到適任的員工，畢業生找到可以發揮的工作，不但個人競爭力提高了，產業的競爭力也提高了。

適性教育也可訓練表達能力、溝通能力及與團隊合作能力。表達能力並不是耍嘴皮子，而是將自己的想法說出來，要言之有物，要能感染別人。適性教育可以讓孩子熱情學習，有了熱情，談自己喜歡的事，自然可以暢所欲言，表達無礙，感染別人。美國總統歐巴馬先生的人際智能必定是很高的，他可以在短短的一場演講中感動群眾，不但將票投給他，還會贊助競選經費。這就是適性發展可以帶來的正向力量。能夠清楚地表達自己的理念，也能聆聽別人的想法，溝通能力就自然增強了。有專業、有熱情、會溝通、能尊重，在團隊中的合作必然順暢且愉快。

提高競爭力要軟硬兼施

有人認為，台灣早期的教育過於強調背誦的知識，使得學生創意不足、呆板不知變通；所以，在九年一貫的課程規畫中，特別強調要培養學生「帶得走的能力」，並訂定了許多能力指標。因為認為學生不需要吸收太多的知識，所以教科書變薄了，考試題目變簡單了；但因為升學壓力還在，學生擔心如果簡單的題目錯了怎麼辦，於是反覆練習一些簡單的觀念與題目，深怕「錯一題而成千古恨」。固然現在年輕人活潑了些，但很多在大學或高中任教的老師都認為學生的程度變差了。一個知識淺薄的人如何會有帶得走的能力呢？

以知識為基礎，能力才有用。要能成就一番事業，要在這個競爭激烈的環境中安身立命，知識與能力缺一不可。此外，還有一個重要的元素，就是要有熱情。有了熱情，才有持續力與抗壓性，才能真積力久則入。所以，知識、能力與熱情可以說是成功的三要素。適性教育可以讓學生學到學得會的知識，培養學生自我規劃的能力，激發學生的熱情，在這個基礎上，學生自然就有了堅強的硬實力與游刃有餘的軟實力，軟硬兼施、無往不利。

專家理念分享

如何突破青年困境

段樵／香港中文大學客座教授

「那是最好的時代，也是最壞的時代；是智慧的時代，也是愚蠢的時代；是信仰的時代，也是懷疑的時代；是光明的季節，也是黑暗的季節；是充滿希望的春天，也是令人絕望的冬天；我們的前途擁有一切，我們的前途一無所有；我們正走向天堂，我們也走向地獄。」這是英國文豪狄更斯在《雙城記》中的故事和心情，拿來放在今天的台灣社會，似乎也頗為契合。

台灣年輕人目前就業困境

近年來，台灣社會陷入悶經濟的泥淖中，卻又無以自拔。就以一向被視為金飯碗的會計與金融業來講，根據我近年的若干個案觀察，如今亮度似已悄悄消褪。許多學生讀會計，總認為這個行業雖然辛苦，但工作有保障，固定可升遷。殊不知，現在台灣四大會計師事務所，經理以上的職缺已滿額，基層員工難以晋升。又因景氣不好，各事務所為了生存，不惜削價競爭。不顧龐大的工作量，僅願使用最少員工數。於是，要求員工加班，卻又不願給足加班費；新進員工被當成消耗品使用，壓乾榨盡，反正每年都有一批新鮮人可用。

銀行業也有類似困境，外資銀行表示台灣產業已達飽和，他們僅想發展個人金融業務或信用卡推卡，無心拓展法人金融業務。許多外資產業漸從台灣撤往他地，如大陸或新加坡，台灣產業也對本土市場的未來盈利漸失信心。這些都影響本土就業市場與工作機會、待遇的改善。部分年輕人寧願去賣雞排或開飲料店，也不願留在傳統行業甚至金字招牌的大企業中，這些都顯示著台灣職場面臨著冰風暴。

戰後嬰兒潮時代，因適逢台灣經濟高度成長的機遇，大體上可說人人有機會，大家都相信只要努力，必定會有收穫。那年代，台灣各產業開始發展，人力需求增加，需要有能力、有創意、有經驗的人才來協助公司的發展，只要努力，不用擔心上層無職位可以升遷。二十年前，出國留學回台是鍍金；十年前，出國留學回台可年薪百萬；現在，出國留學回台，外加國外工作經驗，還不一定能找到工作。二十年前，在會計師事務所工作四年後，出去可做個小公司的財務長；十年前，四大會計師事務所工作四年，出去可望有個中階主管；如今，四年會計師事務所經驗，外加會計師執照，出去若能當個會計經辦已不錯了。

在台灣本土經濟發展停滯、產業緊縮的情況下，台灣年輕人目前的選項如下：

一、可以取得外國學歷並找得到外國工作的人，就想辦法留在國外。無法取得國外學歷的人，當國外大公司在香港或新加坡招人時，可到當地找尋工作，因為那些大公司較少來台招人。以上皆無時，想辦法找到會外派的工作，以增加國外工作經驗並加強語文能力，未來想辦法到國外工作。

二、有膽識、資金、創新想法的人，自己當老闆是一個能作主或能賺錢的方式。數十年前，在大公司或外商公司上班的薪水較高，還有外加十個月的紅利。現在，月薪較十年前低不說，也鮮有十個月的紅利盛世了。一些在台的國際會計公司，在走了一群六萬元月薪的資深員工後，為了壓低成本，他們僅僱用三萬七千元月薪的無經驗員工，卻直接給予資深員工的工作。所以，一些高學歷的知識分子，在大公司待了一陣子之後，若能自籌資金，便出來自力更生。他們利用所學開貿易或顧問公司，或加盟連鎖商店。但也有一些年輕人對生活有自己的看法，選擇回歸田園，或從事有機農業，或投入社區重建。降低欲望要求，便無入而不自得了。

三、若無意願或無法出國工作，又個性保守無意尋求突破的人，可能就要在自己熟悉的行業中，學習忍辱負重、吃苦耐勞、忍受低薪，等待時來運轉的一天。想多賺一點錢，可以兼差保險業務或推銷之類的工作，至少賣出去的每一份單皆可抽成，以時間、體力、勞力換取金錢。

造成的原因

從一九九〇年代以來，二十年間，社會經濟和教育的變化、與發展加上一連串脫離社會現實的教育改革，我們觀察到了以下的狀況：

一、經濟結構重心由製造業逐漸轉型為服務業，各類服務行業成為經濟成長的主要推手之一。此一轉型不可避免的帶來了服務型經濟的必然結果，亦即經濟成長速度的趨緩。此外，在就業市場方面，對服務業與企業管理的人才需求，也逐漸超過了對技工、技師、與工程師的需求。但由於教育部門培育人才進度、適應速度的落遲，結構性失業的情況逐漸顯著化。

二、全球產業分工在九〇年代起，也將台灣推向了對外投資國的陣營。本地土地取得不易、地價偏高，與工資的上升，令台灣的製造業逐漸向大陸與東南亞地區移動。製造業週邊的服務行業，也隨著產業群聚外移。於是，去外地就業的台灣青年數目愈來愈大，工作的職位也開始多元化。

台灣自一九五〇年代開始，以出口帶動經濟成長。由九〇年代開始，已經看到大型製造業、銀行、地產商等的產生。政治民主化的同時，又不可避免帶來了民主政治的通病，也就是透過爭取選票而產生金錢與權力的互動，大企業對經濟政策的影響，日益加深與普遍。

台灣的一般工資近十年來成長的停頓，一方面固然是由於經濟結構的轉變，服務行業勞動生產力的成長緩慢，加上中高層職位的外移所致。但，另一方面恐怕與大企業壟斷市場、影響政策，令勞資雙方的議價力量嚴重向資方傾斜脫離不了關係。舉例來說，專業服務如會計、傳播、法律諮詢等，需爭取大企業客戶才能獲得成長，但在此買方市場的結構下，議價能力薄弱，所獲得的專業服務收入與香港比較是嚴重偏低的。這種偏低的收費，當然反應在員工的薪金收入上，也反應在工作時間的不合理延長上。

主管教育部門政策偏差，加大學用落差

數次的教育改革，導致了大量新大學的設立與技職體系的崩潰。此一現象的負面結果是，各類大學畢業生工作技能與學士學位程度的降低。工作態度上也往往有眼高手低的現象。技職體系的崩潰，令過去的職業高中與五年制專科，這些比較切合企業需求的教學機構，不能再務實的替企業培育人才。

培育人才的第一線工作者，就是教師。從官僚體系到社會大眾，仍然用半世紀前的思維，認為任何的教育改革，教師都有能力與熱情落實。殊不知社會氛圍的改變，與日趨花拳繡腿的新課程設置，早已嚴重損傷了教師的工作與提升自我的意願。一些民意代表與家長對學校與教師常有不合理的要求與干擾，導致教學與管教上的困難。更嚴重的是，如果令教師尊嚴掃地，其後果就是，教育工作不再是一份百年樹人的奉獻是社會未來人才在德育、智育上無可彌補的損失。

政府能做什麼？

師生對應關係的再平衡：重建教師職業尊嚴，讓教師重燃熱情，同時要補強師資育成方式不足之處。

社會意識型態的再平衡：應由過度強調本土到適度重視國際化，將境外就業視為台灣的就業，因為長大了的台灣經濟與台灣小孩總要出去闖天下。

學校課程與教學重心的再平衡：重視中英雙語與數學的基本功，培養學生終身自學的能力。

教育部與科技部對大學鼓勵措施的修正：改變獨尊論文在國際期刊上發表或被引用次數的觀念，重視教授教學績效，輔導畢業生就業狀況，鼓勵以本土問題為對象的研究項目，跟蹤其研究成果，並與產業建立夥伴關係。

傳媒是社會公器：政府有義務鼓勵傳媒擴大視野放眼全球，引導社會大眾對台灣在全球競爭格局中、面臨的機會與挑戰，有較深刻與前瞻的認識。畢竟，無論願意與否，台灣都已經身處經濟全球化的浪潮中，只有適者才能生存。並重建社會大眾對企業、政府、民意機構、媒體，權錢交易鏈條，監督組織的力度。

家長能做什麼？

督促：緊盯政府教育政策，絕不放任輕縱，因為錯誤的政策耽誤學生學習，虛耗孩子的青春。

探索：每個人都有自己的天命，找到它、順著它走下去，人生是彩色的。青少年時期若有機會多體驗不同的玩具、遊戲、課程、營隊、志工，就是一種廣泛的自我探索歷程，值得鼓勵。

觀察：孩子的學習歷程，父母要密切觀察記錄，了解孩子真正的性向、興趣、能力所在，未來選擇組別、科系時，才有足夠的資料。

傾聽：少說多聽。利用各種情境，鼓勵孩子說出自己的想法；有時，孩子遇到挫折，父母也許只扮演垃圾桶的角色，讓他自己走出困境。這些都累積了父母的影響力，讓我們在關鍵時刻發揮影響力。

自我成長：這個世界變化極快，父母得隨時吸收國內外情勢變化與教育資訊，了解不同的想法、策略，更新反應模式，否則，我們很快會跟不上社會脈動，如何協助孩子？這方面如有局限，不妨多與孩子的教師聯繫。

支持：現代社會環境，孩子受挫的可能性極高，父母心境也跟著波動，這是人之常情。古人說：「為女則弱，為母則強。」身為父母，站在孩子身邊，永遠支持、鼓勵，無論狀況如何，這都是最好的對應方式。

這是信仰的時代？這是懷疑的時代？我們的前途一無所有？我們的前途擁有一切？全在我們的抉擇。這個世界變動不居，不會慢下來等我們顧影自憐。突破，從政府到民間；突破，從官員到父母，是我們唯一能走的路。

也談我國學生的競爭力

尹蓉先／銘傳大學法律系副教授

我國學生的競爭力究竟如何？做為教育現場第一線的工作者，我先說兩個例子：

奮戰一百分鐘之後

某日下午考期中考，我去整卷準備監考，這是一節長達兩小時的考試。有些考試科目學生才寫十五分鐘就蠢蠢欲動想交卷，但礙於規定得熬到二十分鐘，時間一到，就會有一大票學生如潮水一般湧上講臺交卷；哪一科須要考兩個小時呢？這節考的是會計系四年級的審計學。

到了試場，鐘聲響起之後一陣忙亂，終於大家都拿到了題目和答案紙，會計系的答案紙很特別，是將比A3還大的一張紙對摺，正反算四頁，同學都各自摺好之後，開始安靜作答。

我正要喘一口氣，忽然進來了一個遲到的學生，他跑著進來，一時之間找不到座位（教室裡缺考的空座位有好幾個呢）。他想翻書包找座位表，我趕緊說我手上有座位表，讓他可以快點坐下來開始考試；在查找座位時，我注意到這位同學有一個非常罕見的姓氏，讓我留下了深刻的印象。

全班同學都在很認真努力的寫考卷，這位同學似乎也是，一會兒皺著眉苦苦思索，一會兒按按計算機，一會兒又咬著筆桿瞪兩下天花板。時間一分一秒過去，大約一小時之後，有兩、三個學生交卷了；又過了二十分鐘，一、二十位學生陸續交卷了；快一百分鐘時，只剩幾個學生了。整一百分鐘時，這位同學抬起頭來四面環顧一下，發現同學都走光了，只剩下他一個人了，他又看了一下考卷，接著他把文具、計算機收拾好，站起身走向前，把他的會計系專用答案紙交上講桌，轉身離去。我接下考卷，打開、撫平，準備跟所有的答案紙疊放在一起，忽然，我忍不住驚駭——那是一張白卷，除了班級姓名之外，空無一字。

可憐的古人「連戰、黃大洲」

我教民法中的親屬編，為了讓法律中涉及的親屬關係生動、活化，我上課時會用一些我認定的名人來舉例說明，例如孫中山、孔祥熙、蔣中正、因為娶了宋氏三姝——宋慶齡、宋靄齡、宋美齡，所以孫、孔、蔣三人是旁系姻親二親等連襟的關係。林黛玉和賈寶玉是旁系血親四親等表兄妹的關係。我用連戰和黃大洲來介紹說明旁系姻親四親等的親屬關係，上課講解時，在黑板上把關係圖（連戰親族表）畫出來解說。

連橫（《臺灣通史》的作者，號雅堂，又號劍花）一共有連春臺、連夏甸、連秋漢、連震東四名子女。之後連夏甸與林伯奏結婚，有林文月（台大中文系的美女，著有《飲膳札記》，譯有《源氏物語》）、林文英、林文花三個女兒，因此連戰和林文月、林文英、林文花是表兄弟姐妹，也就是旁系血親四親等的親屬關係。三姐妹中的林文英後來跟黃大洲結婚，因此黃大洲是連戰的表姐夫或表妹夫；兩人是旁系姻親四親等的親屬關係。黃大洲曾任台北市市長，後來跟陳水扁、趙少康同台競選連任，可惜敗下陣來。黃大洲也曾擔任圓山大飯店的董事長，目前仍然在世。

我上課時圖解加口述，花了很多時間介紹，自以為這是非常活潑有趣的做法，以活生生且大家耳熟能詳的人物，來取代某甲、某乙、姐夫妹婿，並且似乎還涉及了一點八卦，努力蒐集資料時，也有小小的成就感。於是期中考時，就出了這道題目：請寫出連戰與黃大洲之間的親屬關係。答案其實很簡單，只要加以說明後寫出「旁系姻親四親等」就是滿分。我在考前複習時，也千叮嚀萬交代，這一類題目一定要說明之後，寫出關鍵的「＿系＿親＿親等」。

很不幸，全班五十一份考卷中，這個題目有說明且寫出正確答案的只有兩人，沒有任何說明但能寫出「旁系姻親四親等」的有六人。我剛開始改考卷時，看到「旁系姻親四親等」這個答案，雖然沒有任何說明也給滿分，一分都不扣。後來繼續改，發現有些學生確實寫了「旁系姻親四親等」，但另有圖解說明：**黃大洲乃是連戰的父親（連父）的父親（連爺）的父親（連祖）的女兒的丈夫。**我幫他換算出來就是連橫的妹婿，連戰的姑婆的先生，「旁系姻親四親等」是不錯的。但連橫生於一八七八年，如果今日尚在人世就是一百三十六歲，跟他同輩的妹婿居然還活著且競選台北市市長、擔任圓山大飯店的董事長，那豈不成了妖怪？我這才知道有些「旁系姻親四親等」是看了考古題，硬背下來的答案。

其他的考卷中，有人是整個題目完全空白；另外不知道為什麼有好幾個人說連戰和黃大洲是連襟，也就是連戰夫人和黃大洲夫人是姐妹（同樣漂亮嗎？有沒有一起去競選中國小姐？），離譜的答案還有呢——結拜、叔姪關係、我不認識黃大洲、其二人姓不同，必為姻親也、黃大洲為連戰侄子，為旁系三等親屬、黃大洲是連戰母親的哥哥，所以連戰是為黃大洲的外甥、大洲是連戰的舅舅，因連戰和黃大洲有共同血源的尊親屬，而黃大洲由連戰父親的兄弟姐妹所生，故具旁系血親之關係、此兩人因為對我國社會貢獻過少，則不宜討論……等等。

不久，我接到一張教師評量，其中有學生對本人的建議，顯然是認為本人應該檢討改善之處：「上課舉的例子都是很久以前的古人，光認識這些人就有困難了，有的人連聽都沒聽過，更何況是要透過法條去解釋他們之間的關係。」

看著這些能掰會扯的答題方式，如果說這些學生不夠靈活，缺乏創意，我不會相信的，但要說他們缺乏一點一滴寒窗苦讀紮紮實實做學問的功夫嘛，不提也罷。

一九七〇年代台灣的經濟平均年成長率達到百分之十，不論是總體經濟的表現，或是國民所得的增加率，都為亞洲四小龍之首，傑出之表現被譽為發展國家中的經濟發展典範，亦是世界各國中經濟奇蹟的締造者。當時台灣公私立大學的錄取率大約在百分之二十，有機會過關斬將殺過重圍，進入大學就讀的青年學子，多數都很珍惜自己的就學機會，認真向學，努力不懈。

曾幾何時，台灣在亞洲四小龍的經濟表現排名中，已是敬陪末座。當韓國大學畢業生初入職場賺得薪資六萬，新加坡七萬時，台灣的大學畢業生僅有二萬二；有些企業主甚至認為給二萬二還太多了，因為產值未及此數。

民國一〇二年整體高教經費約二千億，從民國八十五年廣設大學到現在，在大學裡糊塗鬼混、荒唐度日的學子，不止百分之五十。保守估計糟蹋的高教資源，不會比三個核電廠少，這是全國納稅義務人的血汗錢，就為一張無用的文憑。除了這以兆計算的國家資源浪費外，更令人痛心惋惜的，是這些年輕學子在大學浪費掉的，再也喚不回的青春美好時光。

二〇一四年開春，從馬英九總統到江宜樺院長，從中央首長到地方首長，人人都在喊拚經濟。我們的國家究竟是再創經濟奇蹟迎頭趕上鄰近國家？還是繼續沉淪終至萬劫不復？關鍵在教育，在我們的年輕學子是不是擺對了地方。

專家理念分享

論高等教育的適性發展

黃光國／國立臺灣大學心理系教授
總統府國策顧問

教育部公布「人才培育計畫白皮書」，立刻被社會各界批評為新瓶舊酒、拼湊而成，了無新意；連曾經擔任過教育部長的楊朝祥，都認為這是一種頭痛醫頭的抗生素治國模式。以博士人才的培育問題來說，近年來流浪博士的問題日益嚴重，學用落差導致博士就業困難，頂尖大學博士班報考人數大減。國科會指出，若不改善現狀，台灣博士人才恐怕會在十年內出現缺口。

抗生素治國

「人才培育計畫白皮書」對這個問題幾乎可以說是一籌莫展，拿不出任何令人心服的對策。針對這個問題，教育部長蔣偉寧表示：「未來台灣博士培育量會維持在每年三千五百人左右的規模，寧願稍微多一點，人才不夠比較嚴重。目前全國大專約有五萬名教師，以平均服務三十年退休計算，每年需補進一千五百至二千位博士新血；產業界目前一年需要約五百位博士人才，未來希望能逐步提升至一千五百人。」

蔣部長的說法，代表了一九九四年教改啟動以來，歷任教育部長就教育論教育，不食人間煙火，不顧社會需求的量化思維。蔣部長說，現在台灣博士約有八成留在學術界，比重過高，長期方向必須拉高產業的需求。政府會鼓勵業界多投入研發經費，進而帶動產業升級，也要想辦法讓培育出的人才，更符合社會所需。產、官、學各方面都要一同努力。然而，在同一場會議上，台積電董事長張忠謀指出：台灣不需要一百四十八所大學，也不需要三、四十所研究型大學，而是需要更多的技職教育。「台灣企業對研發投資不夠，是博士就業低的原因；而台灣博士生的創新力也不足，讓企業不願多僱用，造成不良循環。」

緊貼社會需求

張忠謀直截了當指出，一九九四年教改最嚴重的錯誤，就是把整個技職體系都升格成為科技大學。他沒有指出的是博士生創新力不足的根源，在於教育部和國科會訂出SCI和SSCI的評鑑標準，要求教授們在國際學術期刊上發表論文，用論文發表數量來評定大學的國際排名或國內排名。

高等教育產業工會理事長戴伯芬表示，近年人文、社會科學領域的博士，人數擴增約八成，但這些人大部分從事學術工作，業界需求不多，未來勢必得緊縮供給量。至於理工博士，則陷於嚴峻的學用落差問題。戴伯芬表示，台灣高教訓練太著重於「幫老師作學術發表」，與業界結合度不夠，無法適應社會所需，導致博士畢業生不好找工作；

業界也不敢用博士生的困境。台灣博士恐怕不是太多或太少的問題，而是有沒有恰到好處地緊貼社會需求。

戴伯芬的分析指出了台灣高等教育的「病」，但他並沒有針對這樣的「病」開出藥方。今天台灣教育的當務之急是以德國為師，將教育體制調整成百分之七十的技職體系，百分之三十的一般型大學，其中百分之五的頂尖大學必須要有能力做各種不同領域的突破型研究。針對這一點，我要特別指出的是，理工科的創新必須要以科學哲學做為基礎，而不僅只是幫老師作論文發表。這道理並不難理解。在西方的學術體制裡攻讀博士，不管是念哪一科，最後拿到的學位，都稱為哲學博士（Ph. D., Doctor of Philosophy），就是因為西方的學術研究都是建立在其哲學基礎之上。

加工改造的論文

一個真正的學者必須要能夠找出本行中懸而未決的重大問題，然後以生死與之的精神，全力找出解決之道。現代科學的研究，可以說是西方文明的產品。科學哲學的訓練，是找尋科學問題解決之道所必要的背景視域。令人遺憾的是，絕大多數非西方國家的教授，對於源自西方的科學哲學都不甚了解；不知道西方文明創造力的根源何在，在發展SCI和SSCI論文的壓力下，又不得不作學術研究，最簡單的辦法，就是爭取頂尖大學的優質研究生，教他們在國際學術期刊上尋找熱門議題，套用西方流行的研究典範，發表加工改造的論文；只要論文能夠在國際學術期刊上刊登，自己一切作為就有了合法性與正當性，不僅職位有了保障，而且還可以印論文、換獎金，名利雙收。

科技大學的教授也無心於培養下一代紮實的職業技術，大家一窩蜂地用我所謂養小鬼的辦法，把我們的研究生訓練成只會盲目套用西方研究典範的跟屁蟲，拚命作加工出口式的學術研究，製造出一大堆的垃圾論文，雖然很容易在國際學術期刊上刊登，對我們的國計民生卻沒有絲毫的助益。

在各個不同的學科領域中，能夠針對本行最為艱難的學術問題，作出真正突破的學者，原本就是人口中的少數；我們絕不可能把每個人都教育成愛因斯坦，也不可能期望每個人都作尖端研究；不幸的是，一九九四年教改啟動以來，台灣的教育就是走上了這樣一條怪異的道路。

調整的必要

掌握大權的教育當局不知道如何培育頂尖研究人才，反倒用一種量化思維，不斷鼓勵大家發表論文。結果是頂尖大學培養不出尖端研究人才，科技大學也無心於訓練基層技術人員，台灣的學術界就像中了鴉片煙毒一樣，傾舉國之力，大家一起在做新八股文。「國日衰，民日弱，不旋踵之間，舉國無可用之人」，整個國家喪失了動力，台灣的產業也喪失了創新的動能。

專家理念分享

根據自己的條件走自己的路

李光陸／前鴻海公司副總裁兼網通事業群總經理
現任鴻海公司顧問

我和許多讀者朋友們一樣，自己受過相當多教育的益處，也非常關心目前台灣的教育環境，希望能用我們的經驗和知識，幫助今天的年輕人。知識固然是力量，無知也是一種力量，現在台灣無知的力量比知識的力量大很多，所以我們要想辦法改善這種狀況。

每一個人對教育都有不同的看法，但下面這種解釋多數人都會接受：教育的主要功能是要開發人力資源，提高個人和國家的競爭力。過去十餘年來，我們深感在台灣愈來愈難找到適用的技術人才，不但有適當專業能力的工程師不好找，受過充分訓練的技師和技工更是鳳毛麟角，雖然大家都有大學畢業的文憑。在清朝的鴉片戰爭以前，林則徐說過，鴉片的擴散再繼續下去，不出十年，全國不但無可籌之餉，亦將無可用之兵，而成為一個國家安全問題。今天台灣的教育發展就在這一個轉捩點上，它已經成為一個國家安全問題。產業界找不到受過充分專業訓練的人員，大學以上的畢業生水準日降，多半不具備業界所需要的技能，高中高職的畢業生，如果不準備進入普通大學，也沒有足夠的訓練，使他們可以順利進入職場。

在高度國際化的世界裡，我們的下一代所面臨的是世界性的競爭。我們有許多家長希望孩子們不要上補習班，不要熬夜，不要做太多的功課，就能培養出世界一流的競爭力，這是不可能的。但是我們應該可以合理的期望，在良好的教育制度下，孩子們可以得到充分的選擇和訓練，使他們的努力不至於浪費，最終在世界的競技場中能佔有一席之地。

儘管我們的教育體系有很多問題，我倒也不覺得台灣的教育一無是處，別人的制度都比我們好，只要抄襲別人的制度就可以了。每一個社會都有不同的環境，我們必須建立適合我們自己的制度。美國談教育改造多年，到今天高中畢業生不識字的仍比比皆是。歐盟的強國法國，倡議教改多年，進步有限，人才和國家的競爭力卻一直下降。德國的技職教育很發達，但那是數百年深厚的產業和社會基礎所孕育出來的，我們的時間有限，無法完全摹仿。到頭來，還是要根據自己的條件，尋找適當的機會，走自己的路。我認為在今天的世界上，因為網路經濟的發展，就存在著這樣的機會。台灣的家長中流傳的一句話，不要讓自己的孩子輸在起跑點上。假如我們覺得已經落後的話，眼前就有一個新的起跑點。

我的工作在過去二十年，主要是集中在寬頻和無線網路的發展上。在這些時間裡，眼看著網路環境有著一日千里的進步。不但網路通信日漸普及，成為現代人生活中不可或缺的一部分，在寬頻和無線網路上所架設的網路經濟平台也達到以前無法想像的規模，並且創造了無數的工作機會。我們所熟悉的蘋果（Apple）公司員工大約有八萬人，其中約有六萬人在行銷門市（Apple Store）工作，公司內的技術人員大約只有一萬多人，但是公司外還有許多人在替手機和平板電腦的使用者，撰寫可以下載的應用程式（apps），全世界約在六、七十萬人之譜。一家公司，少數幾個產品，就能創造出這樣的經濟規模，這是有效運用現代網路可以產生的威力。而這只是和網路設備直接有關的經濟效益而已。

網路經濟平台所促成的經濟活動，和他們的規模更是驚人。中國大陸的淘寶網成立只有十年，但是二〇一二年的營業額達到兩千億美元，相形之下，台灣的國民生產毛額大約是四千六百億美元。大家所熟知的網路公司eBAY，去年營業額是三百五十億美元，Amazon是六百多億美元，他們都是世界網路經濟的翹楚。阿里巴巴一家的子公司淘寶（C2C）和天貓（B2C），他們的營業額就是兩家最大網購公司的兩倍有餘；而且今年成長得還更快。

回頭看看我們台灣，因為金融管制等種種限制，去年最大的網購前三名，雅虎、PChome和momo三家加起來不到十億美元。難道台灣沒有這樣的市場，或是台灣民眾沒有這樣的知識嗎？事實上，淘寶網所公布二〇一二年上該公司網站購物，人均消費前十名的城市，台灣就佔了三名，可見台灣民眾對於高科技發展出來的新工具的了解和接受度都是很高的。

台灣的自然資源相當貧乏，要發展傳統的農林漁牧都沒有條件，我們比較一下台灣業者和國際上同業的經濟規模就可以了解，但是我們有一個強項，就是高水準的人力資源；而網路經濟所塑造的新環境，就是這些人力能夠發揮的最佳舞台。

近十年來，網路經濟的規模和交易進行的速度，都已經發展到一個空前的水準。它所需要的並不只是電腦和網路技術的應用而已，還包括了產品的銷售、定價、比價、配對、運儲管理、欺詐防範等複雜的運作和技術範疇，對於相關人才的質和量都產生了前所未有的需求。

除了這些為了設計和維護網路所直接需要的知識以外，對於其他產品的專業技術需求也大幅的增加。在網路行銷突破了種種限制後，銷售範圍愈來愈廣，訊息傳播愈來愈快，幾乎任何商品都可以在網路上銷售。它所產生的另一個效應，就是因為資訊的公開，每一種產品本身的功能和競爭力必須愈來愈強，否則很快就會被產品資訊和消費者意見完全公開的市場所淘汰。而有競爭力的產品，則有無限的發展空間。台灣某知名糕點廠商一年光是布丁就可以賣三百多萬個，就是一例。

換言之，除了前面提到的直接與網路相關的技術以外，要能充分利用這個新的商務平台，其他行業的專業技術水準亦需大幅提升。在未來我們的從業人員是否能具備高超的專業能力，做出在國際上有競爭力的產品，並有足夠的能力，經過網路所提供的銷售平台行銷世界，這也是教育的從業者必須深思的課題。我們這十餘年來，大幅提高一般大學教育的比重，從而形成對專業技職教育的輕忽，已經在各行各業的專業人才培育上造成了重大缺口，這是必須儘快扭轉的現象。

當前的重要課題是，如何調整我們的教育內容，使我們的年輕人不是只會用手機玩遊戲或是和朋友聊天而已，也能利用新科技所孕育的環境，為自己找到對世界能夠造成影響，又有發展性的工作，從而提升整個社會在未來世界上的競爭力。

在台灣，要從事新興的網路經濟，我們其實具備了很好的條件，比如，傳統上我們有發達的中小企業和強烈的個人主義，我們的人口群有相當高的教育水準和使用高科技產品較低的障礙，還有只要有經濟效益，我們對不同技藝也容易產生相當高的興趣。但我們還缺什麼呢？我認為我們需要培育更多人才，來建構和改善好用的網路平台，我們要做好對各個領域技藝的深入教育，訓練出更多精通專業的個人。假如能夠塑造這樣的環境，個人的潛能更能適性發展，經濟和社會的發展也更能多元化。

在我們的教育系統裡，儘速輔導三分之一以上的大學轉型為專業技職大學，強化多元分流的技職教育，增加網路應用的訓練，以及創業的技能和創業精神的培育，都是刻不容緩的工作。能做到這些，台灣才能把握這個新的機會，跟上世界潮流，再創台灣經濟的新契機。

結語：十二年國教符合適性原則嗎？

在十二年國教如火如荼推動的當下，台灣的教育可以說是走到了一個轉捩點，未來是向上提升還是向下沉淪？

教育是為了「使作善」，而不是為了分數。但我們看到在十二年國教免試入學辦法中，德育（獎勵紀錄、服務學習）、群育（幹部任期、社團參與）均被量化而納入超額比序的條件中，使得品格教育、服務美德、團隊合作精神受到了嚴重的扭曲；如果作善是為了後面的好處，不就是偽善嗎？此外，志願序原本的意義是，要表現個人對學校的期待，但也被量化列入成績，使得學生辛勤努力學習的結果，可能被志願序的扣分而抹煞，這樣的功利主義違背了教育的基本原則，也使得適性教育追求真善美的精神不見了。

吳清基先生之所以能從貧家子弟一路發展到擔任教育部長，教育制度扮演了重要的角色。教育要能讓弱勢家庭的學生適性發展，才能讓社會階級流動，才是真正的適性教育。但現在的超額比序條件複雜，服務學習、競賽及英檢計分等項目皆不利弱勢家庭學生，很多家長想盡辦法為孩子取得競賽成績，勞碌奔波，但還是覺得制度不公平，於是申訴、抗議不斷。更有家長說：「多元學習表現，好像在比家長社經地位。」這種不公義的制度將使得弱勢家庭的孩子難以適性發展，完全不符合適性原則，「成就每一個孩子」成為一句空話。據報導，為平息競賽掛帥的風氣，彰化縣教育處擬調整超額比序加分項目和分數，降低競賽成績的影響。可謂亡羊補牢，但何必當初呢。

當初規畫免試入學制度時，可能以為將所有項目都列入升學條件後，就可以讓每一個孩子均衡發展，因為升學要算分數，所以學生就得去學去做，即使心不甘情不願也要去服務，這樣利用升學引導學習的方式，不就是最標準的升學主義嗎？要求每一個孩子都要均衡發展，並以升學方式加以強迫，其精神與填鴨式教育有何不同？有尊重孩子的意願嗎？有符合適性原則嗎？從另一個方面講，均衡發展真的是每一個孩子都需要的嗎？依照適性教育的理念，我們希望每一個孩子都有均衡學習的機會，但在探索到自己的特質後，就要能適性發展；在這個過程中，孩子是要受到尊重的。偉大的英國科學家牛頓小時候是一個孤僻的孩子，不喜歡與朋友往來，如果一定要他均衡學習，他可能就會被淹沒在超額比序條件中了，後來也無法發明力學的三大定律，而開啟後來的工業革命。我們要為孩子們提供一個全人的教育環境，但不是要每一個孩子都成為全人。

在十二年國教的配套方案中，明定「舒緩學生升學考試壓力」為目標之一，但多元入學的辦法卻製造了更多的壓力與不公平。因為大家都想進明星高中而造成壓力，於是要高中均質化，要推動教育的平均主義。但減輕壓力是正確的目標嗎？當初為了要減輕升大學的壓力，所以廣設大學，讓人人都有大學讀；結果現在學用落差問題嚴重，導致社會動盪不安，苦果由全民承擔。減輕壓力或許可以有一時的快樂，但如果能將壓力轉化為成長的動力，則會有更長久且實質的快樂。有適性才有熱情，有熱情才有動力，有了動力，考試反而成為表現及成長的機會，就不是壓力了。

第一屆十二年國教高中職學生，今年九月就要進入校園了，但是等著他們的，還是九九課綱的學習環境。當初在制定九九課綱的時候，有考慮適性原則嗎？依目前的規劃，新課綱要到一〇七年才出來，學生則要到一〇八年以後才拿到新課本，那這幾年的學生能適性學習嗎？在學科本位意識的影響下，各科目都在爭取必修學分，十二年國教的新課綱能適性嗎？今年九月以後，原本能力分校的制度被瓦解，取而代之的適性分流體制是什麼呢？適性選課制度能順利推行嗎？學校準備好迎接差異性較大的學生群體進入校園了嗎？學生能夠適性學習而開展適性生涯嗎？

一連串的問題都需要及早得到答案與解決，因為孩子的學習是不能被耽誤的，生命之流一直往前走，是不能重來的。強化適性主義及落實真正的適性教育，是實現十二年國教三大願景的不二法門。

如何具體推動與落實適性教育

從過去二十年的教改到現在的十二年國教，從民間團體到政府官員，幾乎每一位參與的人士都可以說是滿腔熱忱、無怨無悔、積極投入，立意是良善的，但結果卻不如預期。是哪一個環節出了問題？是否過於民粹，而使得教育本質無法落實？是否過於急躁，而使得重大教改工程尚未準備好即匆促上路？是否未能做好民主深化，而使得決策過於粗糙？從教改的過程與結果觀之，教育政策的制定程序顯有未盡完備之處，為避免因粗糙甚至錯誤的決策過程，而誤了孩子及國家的未來，台大政法中心委託的一個研究團隊，進行了教育政策制定標準程序的研擬，並於二〇一二年提出了我國教育政策制定程序的建議：

教育問題檢討與研析：針對影響國計民生或學子成長的重大議題，進行深切檢討與系統研析。

廣納各方意見、**規劃最佳方案**：社會的多元意見要有充分表達的機會，特別是政策利害相關人的想法，如學生、家長、老師、校長等，並要做到民主深化，要能真正聽到人民的聲音。徵詢意見時，資訊要透明公開，不可預設立場。

小規模試驗：可先選定部分區域進行小規模試驗，檢視規劃方案的可行性。

評估並修正方案：依據試驗狀況，評估方案得失，以科學精神修正規劃方案。

教育審議委員會審議：成立公正、超然、常設的中央層級教育審議委員會，審議重大教育政策，尋求最大的共識或做成最適切的建議。

研擬立法草案：依據確實可行的方案擬訂教育法案。

行政院審議立法草案：教育政策牽涉的範圍甚廣，教育部所訂的法規草案需經行政院院會審議，依據各部會綜合評估意見進行修正。

立法院審議：法規草案再經立法院審議，將各方意見再作一次整合而定案。

依據信賴保護原則，逐步推動實施：立法院通過的教育法案經總統公告後施行，但必須逐步推動，並遵守信賴保護原則。

監察院追蹤執行成效：教育政策執行成效應由監察院追蹤檢討，檢討報告送立法院及教育部參考，作為修正法案的依據，形成一個具有回饋與校正機制的決策閉迴路系統。

該研究團隊認為，教育為「百年樹人」的大業，其決策必須系統思考、全面審酌，規劃需有前瞻性，推動必須循序漸進，既不可因循苟且，亦不宜躁進盲動，希望可達成移風易俗、適性教育及提升競爭力的總體目標。若上述程序得以嚴格執行，相信十二年國教及其他重大教育政策必能順利推動，真正達到終結教改亂象、提升教育品質、成就

教育政策制定標準程序流程

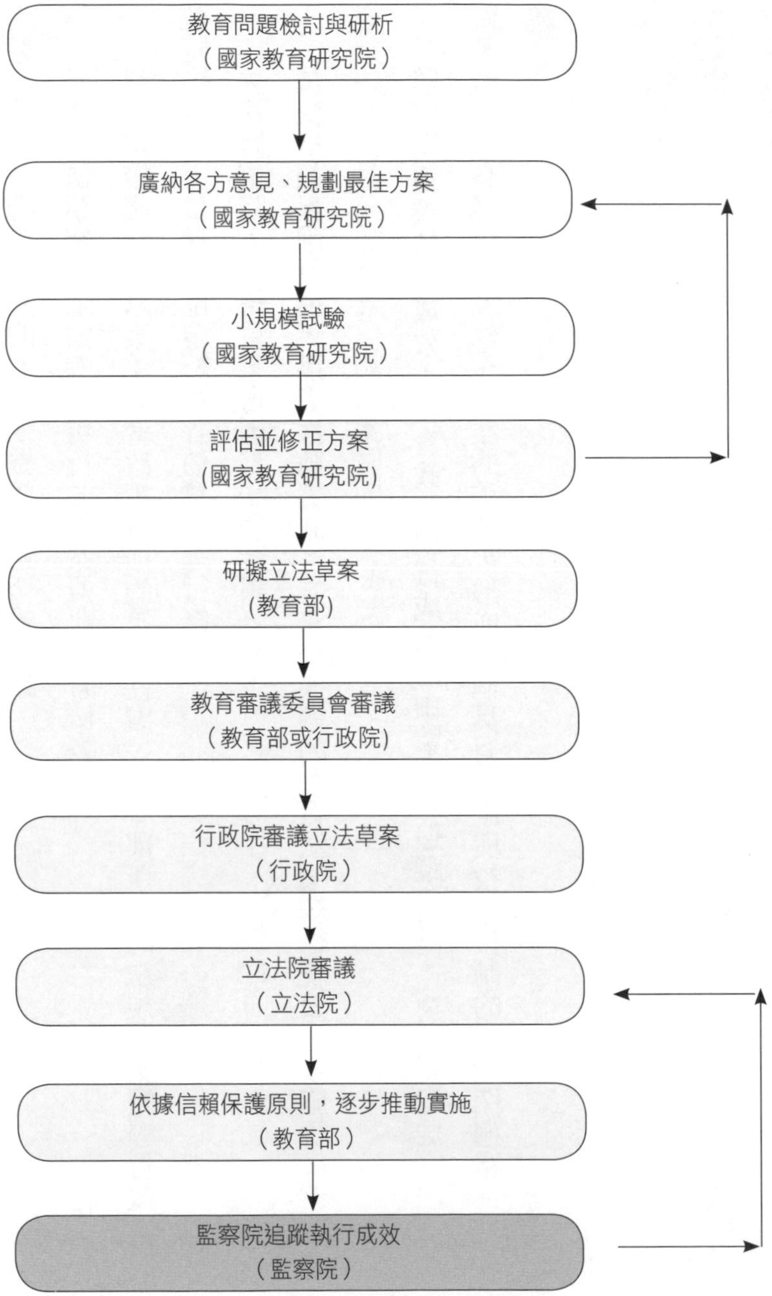

(資料來源：台大政法中心研究計畫報告)

每一個孩子、以及提高國家競爭力的總體目標，使得人民幸福的願景得以早日實現。

前路方遙

要讓台灣的教育能向上提升，就要在前述教育政策制定程序下推動適性教育。芬蘭在一九八二年開始推動高中無年級化（高中不分年級，學分修夠了就可以畢業）的教育制度，經過理念的討論、小規模試驗、檢討修正，到一九九九年立法全面實施，歷經十八年。在當前現實環境的考量下，要實現適性教育的理念還有很長一段路要走。如同前面提到的人生路第二特質，滿足需求愈多的路是愈難走的，但即使辛苦，我們也要一步一腳印走下去，因為唯有落實真正的適性教育，才能解決當前的教育問題，才能讓每一個人的生命都充滿意義，也都能在競爭激烈的環境中安身立命，營造一個安居樂業的家園與國度。

適性教育就是華人教育新希望之所在。

台灣近二十年重要的教育政策

項次	項目	說明	備註
1	廣設高中大學	1994年：高中177所，大學院校50所 2013年：高中344所，大學院校147所	
2	建構式數學	養成主動地從自己經驗中，『建構與理解』數學的概念。	1999年開辦、2003年停辦
3	國中畢業生自願就學方案	以國中在校期間五育評量的成績為依據，學生畢業後依照自願分發至高中、高職或五專。	1990年開辦、2002年停辦
4	九年一貫課程	以「七大學習領域」取代過去的分科學習	2001年實施
5	開放教科書市場	廢統編教科書，開放民營化，採一綱多本，減少一元化的單一標準，希望藉由市場自由競爭，改善教科書品質。	
6	取消聯考，採多元入學方案	高中職及五專：1.免試入學；2.申請入學；3.甄選入學；4.登記分發入學。 大學：1.繁星推薦；2.個人申請；3.考試分發入學。	大學聯考於2002年宣布停止實施
7	高中職社區化	整合社區教育資源，建立具競爭力之後期中等教育機構，並鼓勵學生就近入學。	
8	師資培育	改變過去師範生公費制度，師資培育改採「儲備制」，以自費為主，且一般大學均可以申請教育學程，參與師資培育的工作。	1994年2月7日公告《師資培育法》
9	綜合高中	高級中學同時開設普通課程及若干職業課程。	
10	十二年國教	國民教育延長為12年。 入學方式：1.免試入學；2.特色招生。 29個配套方案。	2013年6月27日通過《高級中等教育法》

附錄一：生涯評核表

恭喜你即將完成國中階段的學習，準備邁向下一個學程。凡事豫則立，你將如何規劃自己的未來？請依個人狀況加以分析評估，並嘗試擬出具體的生涯目標。過程中可以請家人或師長提供意見，並和你一起填寫這份規劃書。如有任何問題，別忘了可以尋求協助喔。這份評核表可幫助你思考：自己國中畢業後，究竟適合讀學術導向的高中？或是職業導向的高職或五專？請評估各項考慮因素與每個導向的符合程度，並填入「0～5」的分數，5分代表非常符合，0分代表非常不符合。

「學術導向」欄位，請依各項考慮因素，評估個人就讀「高中」的符合程度。

「職業導向」欄位，請先列出自己想選讀的群科1～3項，再依各項考慮因素，逐一評估個人在該群科的符合程度。

將學術導向及職業導向所列群科的各項考慮因素，符合程度分數縱向加總，填入「總計」欄。總分越高，代表評估各項考慮因素後，自己最適合選擇該導向或群科。

		學術導向	職業導向 （填寫群科名稱，可參考第81～82頁群科別）		
			（　）群	（　）群	（　）群
個人因素	學業表現				
	適合我的能力				
	適合我的性向				
	適合我的興趣				
	適合我的價值觀				
	適合我的人格特質				
	適合我的健康狀況				
	其他（　　　）				
環境因素	適合目前家庭經濟狀況				
	符合家人期望				
	符合社會潮流				
	通勤距離及時間				
	同儕選擇				
	其他（　　　）				
資訊因素	社會評價				
	學校發展重點				
	學校社團發展				
	未來升學就業管道				
	其他（　　　）				
總　計					

<table>
<tr><td>生涯目標</td><td colspan="8">我想升讀的學校：1.____ 2.____ 3. ____
將來我想從事的職業（工作）1.____ 2.____ 3.____</td></tr>
<tr><td rowspan="2">相關心理測驗結果</td><td colspan="3">性向測驗分數最高的三項分測驗</td><td colspan="2"></td><td colspan="3"></td></tr>
<tr><td colspan="3">興趣測驗分數最高的三項分測驗</td><td colspan="2"></td><td colspan="3"></td></tr>
<tr><td rowspan="2">學習表現（五學期平均成績）</td><td>國文</td><td>英語</td><td>數學</td><td>社會</td><td>自然</td><td>藝術與人文</td><td>健康與體育</td><td>綜合活動</td></tr>
<tr><td></td><td></td><td></td><td></td><td></td><td></td><td></td><td></td></tr>
<tr><td>最常得獎的特殊表現項目</td><td colspan="3"></td><td colspan="2"></td><td colspan="3"></td></tr>
<tr><td colspan="9">師長綜合意見</td></tr>
<tr><td>家長意見</td><td colspan="7">綜合以上相關資料，我希望孩子選擇：(可複選)
☐1.高中 ☐2.綜合高中 ☐3.五專 ☐4.高職 ☐5.實用技能學程
☐6.建教合作班 ☐7.軍校 ☐8.就業 ☐9.其他__________
說明：</td><td>簽章</td></tr>
<tr><td>導師意見</td><td colspan="7">綜合以上相關資料，建議學生選讀：(可複選)
☐1.高中 ☐2.綜合高中 ☐3.五專 ☐4.高職 ☐5.實用技能學程
☐6.建教合作班 ☐7.軍校 ☐8.其他__________________
說明：</td><td>簽章</td></tr>
<tr><td>輔導教師意見</td><td colspan="7">綜合以上相關資料，建議學生選讀：(可複選)
☐1.高中 ☐2.綜合高中 ☐3.五專 ☐4.高職 ☐5.實用技能學程
☐6.建教合作班 ☐7.軍校 ☐8.其他__________________
說明：</td><td>簽章</td></tr>
</table>

附錄二：社會多元智能的代表人物

吳武典／國立臺灣師範大學特殊教育學系名譽教授
國立屏東教育大學特約講座教授

當代華人社會人才輩出，茲以九種智能為準，各舉一位代表人物說明如下：

語文智能：當代詩人余光中

余光中是台灣當代知名文學家，他的著作包括新詩、散文、評論、翻譯等，他的詩人身分最為人所知曉，尤其他的作品都曾納入中國大陸、台灣、香港及設有華文課程的大學、中學的教科書。

余光中曾謂：「大陸是母親，台灣是妻子，香港是情人，歐洲是外遇。」故可知他的文學創作涉及歐、亞兩地，因此詩文作品被廣泛收錄於台灣、大陸及香港三地的課本中，如：《鄉愁》、《我的四個假想敵》、《听听那冷雨》。除了詩文創作外，他的作品也在楊弦、李泰祥、羅大佑等人譜曲下成為家喻戶曉的歌曲。在藝術上，他則翻譯《梵谷傳》以及梵谷專文，這也成為鼓動畫家們的動力。在戲劇上，他翻譯王爾德四齣喜劇，也廣受演藝界的推崇。

從多元智能的角度，余光中除了具備口語語言、書寫文字的專長外，從他的作品中能讓我們感受到他對文學與生命的熱愛，以及對創作的堅持，加上他宏觀的態度，都是值得我們學習之處。

邏輯數學智能：東方數學家丘成桐

丘成桐為當代著名的美籍華裔數學家、公認為當代最具影響力的數學家之一。一九六六年進入香港中文大學數學系就讀，大三時即提前修完四年課程，前往美國加州大學柏克萊分校深造。兩年後即獲得博士學位。目前是哈佛大學終身教授。他曾囊括菲爾茲獎（等於數學的諾貝爾獎）、沃爾夫獎、克拉福德獎等三個世界頂級大獎。他證明了卡拉比猜想，以他的名字命名的卡拉比——丘流形，是物理學中弦理論的基本概念。他對微分幾何和數學物理的發展做出了重要貢獻。

為了促進華人數學家的合作交流，丘成桐在一九九八年創立華人數學家大會，並設置晨興獎，頒給四十五歲以下的傑出華人數學家。他也致力於數學的應用研究以及數學教育的推廣，二〇〇八年起舉辦「丘成桐中學數學獎」，用以發掘、培育青少年數學人才。

丘成桐在數學領域的成就已無庸置疑，他始終心懷華人數學教育理想，他用心觀察兩岸三地數學教育及科學發展狀況數十年，他認為台灣愈來愈落後，關鍵在「政府資助不夠、社會態度不對」。而台灣數學教育最大問題，是「文化修養不夠」；他指出，大部分華人只講求記憶，背公式、不談創造性，考試答案還得照老師的標準才算對。這種不鼓勵創造的教育方式，使得「華人罕能超越西方人，做出具開創性的學問」。因此，他勉勵對數學有興趣的青年，勇敢往數學研究的路走，並鼓勵跨領域學習和研究，「學數學的人，路是無限的寬廣」。他不但是一位傑出的數學家，也是一位見識超群的數學教育家。

音樂智能：當代大提琴演奏家馬友友

馬友友四歲開始學鋼琴與大提琴，六歲開始演出。七歲與家人遷往美國紐約定居，並前往白宮演出給艾森豪總統、約翰．甘迺迪總統夫婦欣賞。後來馬友友進入朱麗亞學院，讀了七年之後，卻在尚未畢業之前，便前往哈佛大學就讀人類學系。一九七六年馬友友於美國哈佛大學畢業，並取得人類學學士學位。一九九一年，哈佛大學授予他榮譽博士學位。

馬友友專長大提琴演奏，迄今發行的個人專輯已超過五十張，不僅先後為他拿下十六座葛萊美獎，還應邀在美國第四十四任總統歐巴馬的就職儀式上領銜表演四重奏。

近年來，他從事「絲綢之路計畫」，目標是結合來自歷史上由絲綢之路所連結的各國音樂家。繼一九九九年二月紐約市將一條路命名為「馬友友路（Yo-Yo Ma Way）」之外，每三年表揚一位當代最具影響力與非凡成就的「顧爾德獎（Glenn Gould Prize）」，一九九九年也特別將此殊榮頒贈給馬友友。〈時代〉人物周刊的一篇文章認為：馬友友是古典樂壇的寵兒，也是最受爭議的叛逆者。西方媒體評馬友友為「最性感的古典音樂家」。

空間智能：現代建築大師貝聿銘

貝聿銘十八歲時，到美國賓州大學攻讀建築學，一九四六年取得哈佛大學建築碩士學位。一九五五年開始，他在紐約創立貝聿銘建築事務所。開業以來幾乎每有工程竣工，就受到建築界的注目。一九八三年獲建築界最高榮譽的普利茲建築獎（可謂建築界的諾貝爾獎），是貝氏名譽高峰的里程碑。

舉世聞名的大羅浮宮博物館重建計畫，是法國密特朗總統十四年任期內留給巴黎的一大重要建設。密特朗總統欽定貝聿銘這位美籍華人，來設計國家級的建設，在法國人眼中看似荒唐。而且設計過程中，批評聲不斷。起先，高度重視法國文化的群眾不喜歡貝聿銘設計的玻璃金字塔，認為任何外加的現代建築元素都會破壞傳統建築美。但是過了幾年，巴黎人乃至來自全世界的遊客，都愛上了貝聿銘的羅浮宮玻璃金字塔。如今，羅浮宮玻璃金字塔已成建築課本上必提的標竿性建築物，也是現代建築的里程碑。貝聿銘作品以公共建築、文教建築為主，被歸類為現代主義建築。他善用鋼材、混凝土、玻璃與石材，設計哲學是「人與自然共存」。

人們稱貝聿銘為建築設計界的「奇才」、「現代派設計大師」，絕非溢美之詞。美國全國建築學院繼一九七九年頒發給貝聿銘金質獎章之後，一九八三年再推選他為「最佳大型普利茲克建築學獎」得主，讚詞是：「他創造了本世紀最美麗的內部空間和外部造型。」可謂實至名歸。

肢體動覺智能：雲門舞集創辦人林懷民

一九六七年，現代舞大師瑪莎．葛蘭姆在中山堂舉辦台灣第一次現代舞蹈發表會，啟蒙了林懷民對於現代舞的喜好。一九六九年，留學美國，念密蘇里大學新聞系碩士班；並正式在瑪莎．葛蘭姆以及摩斯．康寧漢舞蹈學校研習現代舞。一九七三年，他回台北創辦台灣第一個現代舞劇團「雲門舞集」，開始了他多采多姿的舞蹈創作人生。

雲門舞集創立後的第七年（一九八〇）年，林懷民獲得第六屆國家文藝獎及第三屆吳三連文藝獎；一九八三年創辦國立藝術學院舞蹈系，為第一任系主任、研究所所長；同年獲第一屆世界十大傑出青年。一九九六年獲紐約市政府文化局「亞洲藝術家終生成就獎」；二〇〇五年獲選Discovery頻道台灣人物誌，同一年也登上美國時代雜誌的亞洲英雄榜；二〇一三年獲美國舞蹈節終身成就獎及總統府一等景星勳章。

雲門舞集的「雲門」兩字，來自於中國黃帝時期最古老的舞蹈，是個只留下名字卻早已失傳的舞蹈。由此可見林懷民對於這個舞蹈有極深的感情與想法。以他極具代表性的作品「薪傳」和「家族合唱」而言，前者完成於解嚴不久時期，他敢於挑戰敏感議題，讓舞者用悲憤的心情舞出台灣鄉親的不平；而後者又是為撫平二二八家屬的傷痛之作。他每個時期的作品都能呼應當時年代的情景，可想而知，他的作品定是衝過層層的挑戰。

林懷民並非一生順遂，但他從不放棄。有夢想的人，不一定能朝自己的夢想努力走下去，像林懷民這樣不畏家族壓力、不怕艱難堅持到底的人，實在是難能可貴。

內省智能：慈濟功德會創辦人證嚴法師

證嚴法師二十五歲時，自行落髮，踏上僧侶修行的生涯。證嚴法師的成就與貢獻顯現在於慈善、醫療、教育與人文、環保與賑災等四大志業。這些志業均起於證嚴法師的發心和發想，獲得社會廣大的迴響，三、四百萬的慈濟人（慈濟功德會會眾），組成了無比龐大的愛心部隊，推展慈善、醫療、教育與人文、環保與賑災等四大志業，造福海內外無數的普羅大眾、芸芸眾生，有口皆碑，這是非常了不起的成就；充分發揮了台灣的光明面，令人欽敬。

證嚴法師「人生的目的在付出」的崇高情操，更是茫茫人海中的一盞明燈。慈濟教師聯誼會進而在國民小學推廣《靜思語》教學、研發了許多教案，對協助推展品德教育，助益甚大。《靜思語》有如孔子弟子們編纂的《論語》，充滿著自我觀照的佛家智慧和內省反思的中國功夫，對淨化心靈、移風易俗，有非常好的影響。

人際智能：人際關係訓練的導師黑幼龍

黑幼龍二十四歲考取公費留學，獲得美國羅耀拉大學碩士學位。三十二歲進入休斯飛機公司工作，待遇雖好，但卻無法使他感到快樂紮實。四十返台進入光啟社工作，才開始在工作中找到自我。四十七歲時，他在台灣創立幼龍企業管理顧問公司，將卡內基訓練引進台灣和中國大陸，從事人際關係訓練，至今以此為本務。

黑幼龍的性格樂於分享，引進「卡內基訓練」，從事人際關係訓練，幫助企業發揮人力資源潛能，增強企業競爭力，打造出台灣的卡內基王國，並連續多年獲得全世界卡內基訓練代理機構總績第一名，誠屬不易。黑幼龍開啟了人才訓練的風潮，這是他對台灣社會極大的貢獻。

黑幼龍的成功座右銘是：「成功的人在逆境中找機會；失敗的人在機會中找困難。」在遍地烽火、步步驚魂的現實社會中，這應也是大家共同的座右銘吧。

自然智能：環境保護提倡人齊柏林

齊柏林，原從事公職工作，主要是負責從空中拍攝島內各項重大工程的興建過程；拍攝題材有台灣地景、台灣河流、台灣生態。二〇一〇年，他毅然放棄即將拿到的退休金，辭職去拍紀錄片。一路走來，幾乎所有風災他都拍過。二〇〇九年莫拉克風災殘酷的景象，使他內心深受衝擊，決心要拍一部台灣的紀錄片。他湊了一些錢買了一套空中攝影設備開始拍攝；這一拍就是三年，四百多小時的飛行時間。

「看見台灣」連結了人與土地的情感、喚起了許多人內在的聲音、看見了台灣的美麗與哀愁。高雄後勁溪遭汙染、清境民宿超限利用、濫墾嚴重等議題攻占台灣新聞版面，全因這部紀錄片。這部紀錄片也獲得第五十屆金馬獎的最佳紀錄片獎。另外，由內政部營建署委託齊柏林電影公司製作的紀錄片「飛閱臺灣國家公園」，獲得第四十六屆休士頓世界影展金牌獎。

在台灣，「齊柏林」三字是個傳奇，他是攝影師，也是環境保護提倡人。他對生態環境有敏銳的觀察力，故能見人所未見，發人所未發。他導演拍攝的看見台灣，雖然是針對台灣自然環境生態的紀錄，卻也是一面可明得失的明鏡。齊柏林獻給台灣的不只是看見台灣，而是帶來愛護台灣所需的進一步反思和作為。

存在智能：死而無憾的樞機主教單國璽

單國璽，一九四六加入耶穌會，展開他的修行傳道生活。一九九八年獲教宗若望保祿二世擢升為樞機，成為台灣地區的第一位樞機主教，也是華人第五位獲得此榮銜者。二〇〇六年，單樞機進行體檢時，發現罹患了肺腺癌，受台灣各界關注。在祈禱、分辨後，單樞機進行走遍全台灣的「生命告別之旅——人生思維巡迴講座」，與大家分享他對生老病死的看法及人生意義的思考。

他自謙「老病廢物」，要發揮剩餘價值，把身體交給台灣。他說：「生病之後，我就盡人事、聽天命。我是最合作的病人，把疾病交給醫師，把調養交給自己；死了之後，我對台灣的貢獻就是：把身體交給台灣，做有機肥料。我的遺囑都寫好了：喪禮要很簡單，用最薄的棺材，鮮花、輓聯一概婉拒，只要在棺上放本聖經就好了。我連講道都準備好了，怕別人歌功頌德，不會替我請求別人原諒，所以我自己來。我都錄好音了，到時放一放就可以了。我是出家人，沒有自己的財產，最寶貴的就是信仰：『天主是愛』。我把愛的信仰送給朋友們，把生命及靈魂交給天主。這樣就完成了。」

對於死亡，他認為那只是生命改變的過程，也是永恆生命的接軌，就像是通過一條很長的隧道，出了隧道就柳暗花明又一村。而這樣樂觀的想法，為不安的台灣社會注入一股穩定的強心針。

台灣社會紛擾多年，單樞機與其他宗教團體對談時，倡導族群和諧，並消弭宗教對立，這些都是他生命最後的旅程中，發光發熱的代表作。單樞機從慕道起就深刻了解到人生的意義，且終身努力實現此一價值，可謂以身證道。

參考資料

余光中數位文學館。《台灣書寫，世界發光：余光中的文學價值與台灣關懷》。2014年1月9日，取自：http:\\dayu.lis.nsysu.edu.tw\intro.php

馬友友：取自http:\\zh.wikipedia.org\zh-tw\%E9%A6%AC%E5%8F%8B%E5%8F%8B

馬友友的故事：取自http:\\web.pts.org.tw\~yoyoma\p301.htm

黃建敏著（1995）《貝聿銘的世界》，台北，藝術家出版社。

翁秉仁、吳程遠、張孟媛（2012），〈探索物理中的幾何——丘成桐〉，科學人雜誌，2012年第128期10月號

單國璽、林保寶（2008）。《生命告別之旅》。台北市：天下文化。

單國璽（2010）：專訪新聞稿，2010年1月1日。

維基百科:自由的百科全書。余光中：2013年12月16日，取自：http:\\zh.wikipedia.org\zh-tw\%E4%BD%99%E5%85%89%E4%B8%AD

維基百科：釋證嚴 http:\\zh.wikipedia.org\wiki\%E8%AD%89%E5%9A%B4%E6%B3%95%E5%B8%AB

慈濟全球資訊網 http:\\www.tzuchi.org.tw

維基百科：黑幼龍 http:\\zh.wikipedia.org\wiki\%E9%BB%91%E5%B9%BC%E9%BE%8D

附錄三

十二年國教29個配套方案及人才培育白皮書一覽表

項次	方案	目標/辦法簡述
1	高中高職及五專免試入學實施方案	一、開展學生多元智能，舒緩學生升學考試壓力。 二、發揮教師專業能力，提高教師課程教學品質。 三、強化學校辦學特色，增進學生適性學習發展。 四、關懷不同地區學生，縮短城鄉教育資源落差。
2	高中高職及五專特色招生實施方案	一、提供學生多元入學管道，重視學生學習權及家長選擇權。 二、引導學生多元智能發展，追求適性學習及卓越發展。 三、發展學校辦學特色，提升教學品質。
3	高中高職免試就學區規劃實施方案	一、提供國中畢業生充分就學機會，鼓勵學生在地就近入學。 二、引導高中高職學校優質發展，落實學生適性學習和選校。 三、促進高級中等教育均衡和均質發展，俾以推動十二年國民基本教育。
4	高中職免學費方案	一、公私立高職一年級新生免學費。 二、公立高中一年級新生，家戶年所得在新臺幣148萬元以下免學費。
5	高中優質化輔助方案	凡全國各公私立高中學校（校務）評鑑總成績與各項目成績均達80分以上且通過優質認證。或新設校未接受評鑑之學校，得依各期程遴選原則提報競爭性計畫，經教育部 (簡稱本部)所組審查小組審查通過後，輔助經費辦理之。
6	高職優質化輔助方案	一、提升高職辦學品質，輔助成為優質學校。 二、促進高職特色發展，落實技職教育精神。 三、均衡地區辦學資源，引導學生適性發展。 四、鼓勵學生就近入學，提高學生學習成效。 五、奠定推動十二年國民基本教育之基礎。
7	高中職適性學習社區教育資源均質化實施方案	一、結合社區教育資源，加強學校資源共享。 二、整合社區適性課程，引導學生適性發展。 三、發展社區特色教學，提升教師教學品質。 四、引導社區就近入學，舒緩學生升學壓力。

8	落實國中教學正常化、適性輔導及品質提升方案	促進國民中學教學正常化之落實，以達到德、智、體、群、美五育均衡發展之全人化教育，並保障學生學習品質與權益。 實施學生生涯發展教育，落實生涯輔導，協助學生了解生涯發展的意義，探索與認識自我，認識教育及職業環境，培養生涯規劃與決策能力，以及進行生涯準備，找出適合的最佳進路。 提升國民中學之教育品質，促使教師教學專業成長，管控學生之學習品質，以帶起每一個學生。
9	十二年國民基本教育財務規劃方案	兼顧教育需求及國家財力，完整規劃財務，以確保十二年國民基本教育實施計畫順利推動。
10	十二年國民基本教育法制作業方案	整合現行「高級中學法」及「職業學校法」，制定「高級中等教育法」及其相關子法，並同步微調「專科學校法」，做為實施十二年國民基本教育之法律依據。
11	五歲幼兒免學費教育計畫	一、減輕家長育兒負擔，提高入園率。 二、提供滿五足歲至入國民小學前幼兒充足的就學機會。 三、建構優質之教保環境，確保幼兒所受的教保品質。
12	建置十二年一貫課程體系方案	研訂十二年國民基本教育課程發展建議書，引導課程發展的方向與原則。 研訂十二年國民基本教育課程體系指引，引導課程的連貫與統整。 研訂及審議十二年各教育階段課程綱要，做為十二年國民基本教育課程與教學實施的主要依據。 強化課程發展機制與支持系統，落實十二年國民基本教育課程及教學的實施。
13	國中與高中職學生生涯輔導實施方案	協助國中及高中職教育階段的學生了解生涯發展的意義、探索與認識自我、認識教育及職業環境、培養生涯規劃與決策能力以及進行生涯準備與生涯發展。 建構兼具彈性與支持力的環境條件，包括：政策制度、教育人員、家長社區、資訊總平臺、研究發展機制等，來協助生涯輔導工作之進行。
14	國民小學及國民中學補救教學實施方案	篩選學習低成就學生，施以補救教學。 提高學生學力，確保教育品質。 落實教育機會均等理想，實現社會公平正義。

15	高中職學生學習扶助方案	縮短高級中等學校學習成就低落學生之學習落差，彰顯教育正義。 全面提供弱勢家庭低成就子女學習扶助，藉由教育成就促進社會階層流動。 秉持以服務提升生命價值，實現關懷及扶助弱勢之奉獻精神，以奠定十二年國民基本教育之基礎。
16	國中小學生輟學預防與復學輔導實施方案	穩定學生就學機制，有效輔導關懷學生，促進教學正常化。 了解中輟預防與復學輔導工作執行困境，做為政策規劃之參考。 推動中輟預防工作，早期發現與介入降低中輟人數。 強化中輟生通報協尋及復學輔導工作，提升復學率。
17	國中畢業未升學未就業青少年職能培訓輔導方案	結合政府機關、非營利組織及企業等多部門的資源力量，以多元創新之課程設計，提供青少年持續學習的機會，透過探索職涯及體驗教育課程，幫助青少年了解自我，培養正確的就業觀念與態度，並協助其定位方向，藉此重新塑造青少年自信心、團隊精神及溝通能力，進一步培養學習與就業能力。 協助青少年於培訓後參加職業訓練、直接就業或返回學校繼續學習、進修。
18	提升國民素養實施方案	成立「國民素養諮議委員會」和「國民素養專案計畫辦公室」，研討國民素養內涵及指標。 檢視現有國民素養調查資料庫，建立統整的平台。 根據國民素養調查資料，進行國際比較並提出建言。 擬定國民素養白皮書，做為培養人才方案之依據。 宣導國民素養概念及其指標。 掌握全球變遷趨勢，規劃人才培育政策。
19	高中高職學校資源分布調整實施方案	訂定免試就學區學校資源要素，了解免試就學區資源調整需求。 規劃調整免試就學區學校資源，縮小免試就學區學校資源落差。 優質發展免試就學區學校特色，導引國中畢業生適性就近入學。
20	提升高中職教師教學品質實施方案	強化學校課程發展機制，提升課程與教學領導功能。 建置教師研習進修體系與專業發展制度，提升教師專業知能。 開發及應用學、群科教學資源，提高教學品質。 建構優質教學環境，奠定十二年國民基本教育基礎。

21	高級中學學校評鑑實施方案	了解各校辦學情況及問題，謀求改進策略，提升教育品質。 檢視學校教育目標達成狀況，協助學校發展特色，落實學校經營管理，促進學校自我成長能力。 檢視各高中申請優質化輔助方案辦理績效，促發其持續精進辦學，均衡整體中等教育品質。 了解校長治校理念及辦學績效，提供校長遴選之參考。 激勵學校教育人員士氣，強化自我評鑑效能，促進專業成長。做為各主管教育行政機關辦理高級中學發展、轉型及退場輔導作業之參考。 提供教育決策單位與社會大眾有關學校辦學情況與績效之資訊。 建立學校評鑑資料庫，做為規劃十二年國民基本教育先導計畫實施配套指標之依據。
22	高職學校評鑑實施方案	了解各校融入教育政策之辦學情況及問題，以謀求改進策略，提升教育品質。 建立校務評鑑資料，做為推動十二年國民基本教育規劃實施配套措施之參考。 提供教育部藉由評鑑結果辦理高級中等學校發展、轉型及退場輔導作業之參考。檢視學校教育目標達成情況，協助學校發展特色，落實學校經營管理，促進學校自我成長能力。 了解校長治校理念及辦學績效，提供校長遴選之參考。 激勵學校教育人員士氣，強化自我評鑑效能，促進專業成長。 提供教育決策與社會大眾有關學校辦學情況與績效之資訊。
23	高中職發展轉型及退場輔導方案	教育部為配合實施十二年國民基本教育，並基於主管教育行政機關監督與輔導高中職之立場，確實了解其經營狀況，提供有關之程序、注意事項及具體建議供學校參考，輔導各校（含獨立進修學校），以期各校能順利發展、轉型及退場，並減輕學校因退場對教育與社會產生之衝擊，特訂定本方案。

24	教育部推動產學攜手合作實施方案	配合推動十二年國民基本教育之「結合技職教育與產業發展」子計畫，建立以兼顧就學就業為基礎之新教育模式。 發展技職體系的縱向彈性銜接學制，以利學生學習一貫化。 提供家庭經濟弱勢學生優先就學機會，減輕經濟弱勢家庭的經濟負擔。 結合證照制度，重視理論與實務教學，彌補重點產業技術人才需求之缺口。 就近結合高職、技專校院與合作廠商（職訓中心）的資源，建置產業與學校緊密之教學實習合作平台，發揚技職教育「做中學、學中做」實務教育之辦學特色。
25	宣導技職教育	一、認識篇：技職教育的特色與優勢 二、進路分析篇：簡介國中生升學進路 三、優勢篇：「選技職、有前途」 四、宣導篇：多元適性，滾動推進
26	擴大辦理大學「繁星推薦、技職繁星」──引導就近入學高中職方案	平衡城鄉教育資源的落差，體現教育機會均等的公平正義。 照顧學習起點較弱的學生，提供適性揚才成功發展的機會。 深化高級中等學校社區化的功能，增加區域高級中等學校學生升學優質大學及科技校院之機會，提升推動十二年國民基本教育之成效。
27	高中職身心障礙學生就學輔導發展方案	入學管道多元化、就學安置社區化、教育環境優質化、輔導轉銜個別化、家長支持全面化、資源網絡精緻化。
28	促進家長參與學校推動「十二年國民基本教育」實施方案	增進家長了解十二年國民基本教育政策理念與實施計畫內涵。 結合家長推動十二年國民基本教育協助學生適性輔導與發展。
29	十二年國民基本教育宣導方案	宣導十二年國民基本教育理念與做法，編印十二年國民基本教育宣導手冊。

人才培育白皮書	一、培養優秀敬業的教師 「良師」是人才培育的關鍵，期各級學校教師都能善盡其責，全心致力於作育英才，使學生學以致用，青出於藍，則優質人才的培育，自然水到渠成。 二、縮短學用的落差 應建立制度讓學生熱愛學習，「適才」、「適性」發展，並使其所學能「適用」於社會與產業，才能培養出各行各業各階層優質的人才，讓其學以致用，貢獻社會。 三、強化學生的國際競爭力 學生未來必定是在國際的平臺上與國外人才競爭，因此必須具備國際視野與國際移動力，亦即除了專業能力外，亦須具備外語能力、多元文化素養，以成為掌握永續發展、國際化、全球議題和世界局勢演變的世界公民。 四、倍增學生未來的生產力 在少子女化、高齡化的趨勢下，學生未來的總生產力必須力求倍增。因此，必須嚴格管控各級學校的教育質量，讓學生具備扎實的專業能力。更重要的是，尤須加強科技人才的培育，以透過科技創新及創業，增加附加價值，才能大幅提升我國的生產力。

（資料參考來源：教育部。參考日期截至103年5月20日止。最新資訊請上教育部及各縣市教育局的十二年國教資訊網站查詢。）

國家圖書館出版品預行編目資料

適性探索啓發孩子的潛能：教育專家讓孩子熱情學習
的方法 / 中華適性教育發展協會、王立昇著 .-- 初
版 .-- 臺北市：商周出版：家庭傳媒城邦分公司發行，
2014.05
　　面；　公分 --（View Point 74）

ISBN 978-986-272-599-3(平裝)

1. 國民教育

526.8　　　　　　　　　　　　103008999

View Point 74

適性探索啟發孩子的潛能：教育專家讓孩子熱情學習的方法

作　　　者/中華適性教育發展協會、王立昇
企 劃 選 書/黃靖卉
責 任 編 輯/彭子宸

版　　　權/翁靜如
行 銷 業 務/張媖茜、黃崇華
總 　編 　輯/黃靖卉
總 　經 　理/彭之琬
發 　行 　人/何飛鵬
法 律 顧 問/台英國際商務法律事務所 羅明通律師
出　　　版/商周出版
　　　　　　台北市104民生東路二段141號9樓
　　　　　　電話：(02) 25007008　傳眞：(02)25007759
　　　　　　E-mail：bwp.service@cite.com.tw
　　　　　　Blog：http://bwp25007008.pixnet.net/blog
發　　　行/英屬蓋曼群島商家庭傳媒股份有限公司 城邦分公司
　　　　　　台北市中山區民生東路二段141號2樓
　　　　　　書虫客服服務專線：02-25007718；25007719
　　　　　　服務時間：週一至週五上午 09:30-12:00；下午 13:30-17:00
　　　　　　24 小時傳眞專線：02-25001990；25001991
　　　　　　劃撥帳號：19863813；戶名：書虫股份有限公司
　　　　　　讀者服務信箱：service@readingclub.com.tw
　　　　　　城邦讀書花園：www.cite.com.tw
香港發行所/城邦（香港）出版集團有限公司
　　　　　　香港灣仔駱克道193號東超商業中心1樓；E-mail：hkcite@biznetvigator.com
　　　　　　電話：(852) 25086231　傳眞：(852) 25789337
馬新發行所/城邦（馬新）出版集團 Cite (M) Sdn. Bhd.
　　　　　　41, Jalan Radin Anum, Bandar Baru Sri Petaling, 57000 Kuala Lumpur, Malaysia.
　　　　　　Tel: (603) 90578822 Fax: (603) 90576622 Email: cite@cite.com.my

美 術 設 計/張燕儀
排　　　版/極翔企業有限公司
印　　　刷/中原印刷有限公司
總 　經 　銷/高見文化行銷股份有限公司　新北市樹林區佳園路二段70-1號
　　　　　　電話：(02)2668-9005　傳眞：(02)2668-9790　客服專線：0800-055-365

■2014年5月27日初版　　　　　　　　　　　　　　Printed in Taiwan

定價340元